何を準備すればいいか
わからない人のための

# AO入試・推薦入試のオキテ55

鈴木鋭智

# はじめに

「ぶっちゃけ一般入試に自信がなくて推薦《すいせん》に逃げただけなんで、志望理由が思いつきません（泣）」

大丈夫。きっかけがないなら、未来の夢を語ればいい。
夢もないなら、いまから作ればいいだけだ。

「部活も委員会もやってないんですけど……」

みんながみんな、ヒーローである必要はまったくない。
帰宅部生には帰宅部生なりの、「自分にしか語れない何か」があるはずだ。

「知らないこと聞かれたらどうしよう？？？」

面接では正解をいえばいいってもんじゃない。

「よくわかんないけど、こいつ育ててみたいな」と思わせたら勝ちだ。

この本は、「優等生」ではない君のためにある。

「自分にはアピールするものがない。だから何を準備すればいいかわからない」と途方に暮れる君のためにある。

**なぜなら本当にアピールする価値のない人間など、いないからだ。**

みんな「自分だけの価値」の掘り出し方を知らないだけなんだよ。

小・中・高と学校の勉強で向き合ってきたのは、「教科書の中身」であって「自分自身の価値」ではなかったよね?

そのため、志望理由書を「優等生っぽく」飾り立てて、面接でボロが出る受験生があとを絶たない。

せっかくの「自分の価値」を隠して、「他人のモノマネ」で不合格だなんて、ばかばかしいと思わないか?

だから僕はこの本を書いた。

**まず、自分だけの価値を掘り出そう。**

**自分にしか語れない志望理由を書こう。**

**そして、面接では自信の〝オーラ〟を出そう。**

これで九割受かるから、ＡＯ入試・推薦入試は面白い。

人生を変える五五個のオキテを、君に教えよう。

鈴木　鋭智

も く じ

何を準備すればいいか
わからない人のための
ＡＯ入試・推薦入試のオキテ55



## 第一章 ＡＯ入試・推薦《すいせん》入試を知ろう

## 第二章 志望理由書は情報戦

## 第三章 活動報告書はストーリーを

## 第四章 小論文には正解がある

## 第五章 面接はオーラで決まる

# 第六章 プレゼン、集団討論、講義レポートの必勝法

本文イラスト／村山宇希（ぽるか）
本文デザイン／新田由起子（ムーブ）

# 本書の使い方

「公募推薦《すいせん》」「自己推薦」「AO入試」などの名称や日程、ならびに併願・入学辞退の規定は大学によって異なります。受験するさいは各大学の募集要項を取り寄せ、よく読んで確認してください。

本書には志望理由書などの書き方の例がいくつも登場しますが、これらは「そのまま使えるネタ集」ではなく「考えるヒントを提供するためのサンプル」です。よい子の皆さんはこれらを丸写しするのではなく、自分で考え、自分の言葉で書いてください。

本書には解答例として社会のさまざまな問題に対する「解決策」が登場します。これらは小論文の思考法を教えるための例であり、著者および出版社がこれらのアイデアを世に提言《ていげん》するという性質のものではありません。念のため。

第一章

# AO入試・推薦《すいせん》入試を知ろう

「志望理由書はいつから始めればいいの？」

「小論文は秋からでも間に合う？」

ライバルがいつから動き出しているのか

わかりにくいのがＡＯ入試・推薦入試。

直前でバタバタ慌てず、かつ一般入試の勉強とも

両立するための作戦会議から始めよう。

# 1 ＡＯと推薦《すいせん》ってどう違うの？

「ＡＯ入試ってなんだかカッコイイっすよね。意味わかんないけど、最先端の大学って感じ♪」

ネーミングだけで志望校を選んでしまう君の将来がとても心配だ。

いきなりガッカリさせるようで悪いけど、ＡＯ入試と推薦入試は実質同じもの。どちらも英語や数学などの学力試験ではなく、「志望理由書＋小論文＋面接」で合否を決めるという入試の形式には変わりないんだよ。

ＡＯ（アドミッション・オフィス）入試はもともと米国の大学の制度。教授が学生の合否を決める通常の入試とは別に、「アドミッション・オフィス」という入試専門の部署が、大学の求める学生像（アドミッション・ポリシー）にもとづいて独自に学生を選考する。優秀な高校生にはスカウトマンが勧誘《かんゆう》に来る場合もある（この辺がアメリカっぽくてカッコイイ）。

これに対して日本の大学の「入試課」は入学試験の事務手続きをするだけで、実際に受験生を選考するのはやっぱり教授。結局「ＡＯ入試」とは名ばかりで、昔ながらの推薦入試と変わらなくなってしまったんだよ。

だから「AOってカッコイイ」と憧れることに意味はないし、「AOって難しそう」と恐れる必要もまったくない。戦い方は推薦入試と同じだ。


ところで、「AOと推薦」以上に押さえておきたいことがある。

それは「公募推薦」と「指定校推薦」の違い。

指定校推薦は大学と高校との取り決めで合格させる人数が決まっている制度だ。高校内の推薦枠にさえ選ばれれば、ほぼ確実に合格できる（医学部以外の場合）。

これに対して公募推薦（自己推薦）はだれでも出願できる代わりに、出来が悪ければ落とされるし、大学によっては倍率が五倍を超えることもある。

「選抜」の厳しさという点では、公募推薦やAO入試はむしろ一般入試（学力試験）に近いともいえるね。

## オキテ01 AOと公募推薦は同じ。公募推薦と指定校推薦は別物。

## 2 入りたい大学か、入りやすい大学か

「指定校推薦《すいせん》もらえる大学はあんまり入りたくないところで、入りたい大学の公募推薦だと自信ないんです。どうしよう？」

併願可能な公募推薦やAOだけなら「上から下まで全部受けろ」とアドバイスするけれど、併願や入学辞退ができない指定校推薦がからむと判断が難しくなるよね。

危険を冒していきたい大学の公募推薦にチャレンジするか、無難《ぶなん》に指定校推薦をもらえる大学で満足するか。ここでの迷い方には性格が出る（笑）

こんなときいちばん危険なのが、「落ちるのが怖い」という感情や、「世間体がよさそう」という憶測《おくそく》に流されることだ。

迷ったときには、まず情報収集が大事。次の三つのデータに注目しよう。

**❶ 卒業生の就職率と就職先**
**❷ 資格試験などの合格率**
**❸ 大学の経営状態**

昔はブランド校だったのにここ数年で実績が落ちている大学もあるし、逆に無名校な

のに着々と実績を伸ばしている大学も存在する。

**大学の「ブランド」は案外ただのイメージにすぎなかったりする**ものだ。

もう一つ、受験生が気づかないデータが大学の「経営状態」。

じつはいま、「大学倒産時代」が到来しているんだよ。

一九九〇年代以降、大学の数が急増したのに対して、少子化で受験生の数は減少。このためいくつもの大学が経営危機に陥っていて、客集めのために指定校推薦を乱発し、公募推薦も「ほぼ全員合格」というゆるーい事態になっている。

大学を選ぶなら、一〇年後、五〇年後も生き残りそうな大学にするのを勧めるよ。

大学の実績や財務状況は各大学がネットで公開しているし、私立大学の財務状況を一覧できるサイトもある。また、ときどきビジネス雑誌が大学特集を組んで、「財務状況ランキング」「就職に強い大学ランキング」を発表するのでチェックしてみよう。

## オキテ02 倒産しない大学を選ぼう。

# 3 いつから、どんな準備をすればいいの？

## ■ 夏休みは部活とオープンキャンパス

高校生の夏休みといえば、部活。運動部にとっては活動報告書に書く「実績」を作るラストチャンスになるからだ。真っ黒に日焼けして完全燃焼してこい！

一方、この季節に多くの大学が開催するのがオープンキャンパス。ここで見聞きしたことは志望理由に書くネタにもなるので、なんとか時間を見つけて参加しよう。

## ■ 志望理由書は出願一か月前から

「志望理由書を添削《てんさく》してください。締め切りは明日の消印有効なんですけど」

「遅いっ！」

僕が予備校で志望理由書の添削をするときは、五回以上書き直しを命じるのが普通。いまだに一回でOKが出た生徒はいないね。だれでも最初に書く志望理由はフワフワでペラペラなものだ。

次の章で志望理由書の書き方・考え方を知れば、これが予想外に奥の深いものだということがわかると思う。一晩で書き直せるほど甘いものじゃない。

志望理由書には、できれば出願の一か月前から取りかかろう。その過程で調べることもたくさん出てくるし、場合によっては志望校が変わることもある。

## 小論文は出願後の一か月で短期決戦

「小論文は二年生から始めないと間に合わない」という先生も多いけど、正しい勉強をすれば意外と出願後の一か月でなんとかなるものだ。志望理由書を、一か月かけて何度も書き直した成果はここに表れる。

ただし書きっぱなしではなく、いい先生の添削を受けること。「ＯＫ」をもらうまで二回書き直すとして、過去問を週一～二本完成させるペースがちょうどいい。

面接練習は直前二週間。週二回ペースで十分。

**オキテ03　志望理由書は出願前の一か月、小論文は出願後の一か月。**

## 君にピッタリの入試はこれだ

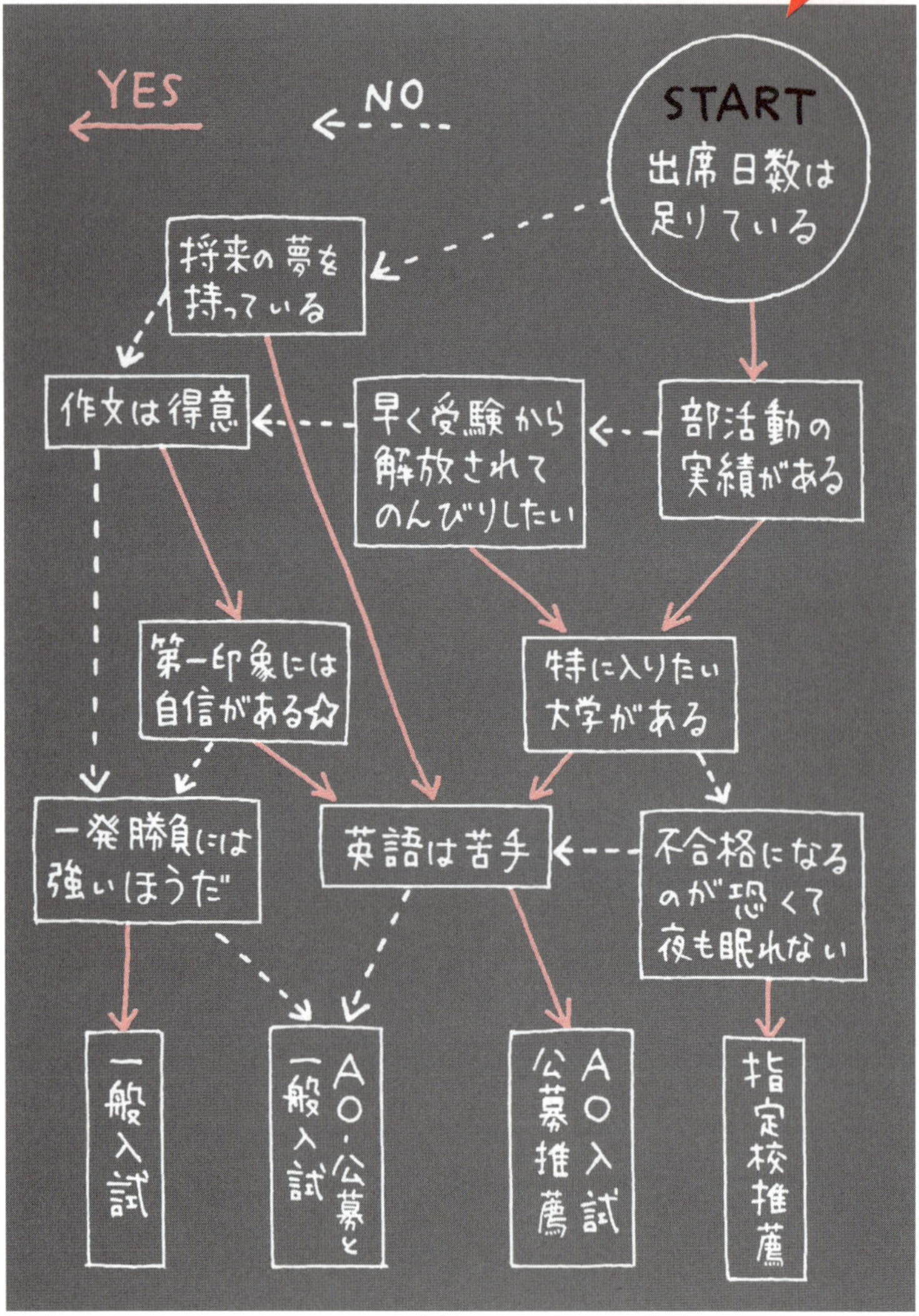

YES
NO
START
出席日数は足りている
将来の夢を持っている
部活動の実績がある
早く受験から解放されてのんびりしたい
作文は得意
特に入りたい大学がある
第一印象には自信がある☆
一発勝負には強いほうだ
英語は苦手
不合格になるのが恐くて夜も眠れない
一般入試
AO・公募と一般入試
AO入試 公募推薦
指定校推薦

第二章

# 志望理由書は情報戦

「どう書いたら受かるの？」

「そんなに差がつくものなの？」

一見正解がなさそうな志望理由書。

でも受かる人と落ちる人のあいだには明らかな違いがある。

自分の価値を掘り起こし、大学が求めるものとマッチさせて、

無敵の志望理由書を完成させよう。

# 4 こんな志望理由は落ちる！

「すでに公募推薦《すいせん》を二校も落ちていて、三校目を受けるのが不安なので志望理由書を見てください（泣）」

予備校に、推薦対策の個別指導を依頼しに駆け込んでくる生徒にはこのタイプが多い。彼らの「実際に落ちた志望理由書」を毎年何十枚も分析していると、そのほとんどは三つのタイプに分類できる。

## ガッカリ答案 「思い出話型」

私が看護学部を志望するのは、中学一年生のときに最愛のお祖母さんがガンで亡くなったからです。そのとき私は初めて愛する人を失う悲しみを知りました。また、高校二年生のとき部活で足を骨折して入院しました。そのとき、大変な仕事なのに笑顔を絶やさない看護師さんの姿を見ていて、いつしか私も看護師になりたいと思うようになりました。

「なぜこの学部を志望するのか」と聞かれると、過去の思い出話を書いてしまう人は多いよね。日本語の「なぜ」には、「❶過去のいきさつ」と「❷未来の目的」の二つがある。**大学が聞きたいのは過去ではなく未来の目的**だ。

家族を病気で失った人が、みんな医療人《いりょう》を目指すわけじゃないよね。自分が他の仕事ではなく看護師を志したからには、家族の死や自分の入院という体験のなかで「医療」について何か考えさせられたことがあるはずだ。それを整理して、「なんのために看護師を目指すのか」につなげよう。

### ガッカリ答案

「パンフレット丸写し型」

**私がこの大学を志望するのは、「キリスト教精神にもとづいた全人格的教育」という教育理念に強く感動したからです。また緑豊かなキャンパスと自由な校風、災害に強い免震構造の校舎、優秀な教授陣などが私にピッタリだと思いました。入学後は「経済学概論《がいろん》1」や「近代フランス文学」などの授業を受講し、貴校の伝統を引き継いでいきたいと思います。**

パンフレットから大学の宣伝文句を写しただけで、「自分自身」については何も語っていない。これでは教育理念や免震構造の校舎がなんのために必要なのかがわからないよね。おまけに時間割のサンプルから写したのが「経済学概論《がいろん》1」と「近代フランス文学」では、いったい何を目指している人なのか謎だ。
そもそもパンフレットだけを情報源にしている時点で手抜きしすぎなのがバレバレ。本気でこの大学に入りたかったら、オープンキャンパスくらい行きなさい。

## ガッカリ答案 「主体性ゼロ型」

**私が心理学科を志望するのは、哲学科よりは就職に有利だと母にいわれたからです。もともとは法学部に行きたかったのですが、成績が足りないと学校の先生にいわれました。また、貴校に入学した先輩がキャンパスライフの楽しさを教えてくれました。全国から集まるたくさんの優秀な仲間たちから刺激を受け、充実した大学生活を送りたいと考えています。**

「じつは第二希望です」なんて書いたら、心理学科の先生にも哲学科の先生にも失礼だ。

# オキテ04 志望理由は「自分がこの進路を選ぶ必然性」。

たとえ本音であってもそんなことは書かないのが大人のマナー。

志望の動機も他人からいわれたことばかりだよね。これでは「自分の意見を持たない人」、あるいは「ゆとり世代」と見なされても仕方ない。それに他の学生から刺激を受けることは書いてあるけれど、自分が**他人に貢献《こうけん》すること**が抜けている。


すでに志望理由書を書いてある人は、自分の文章と比べてみよう。「うわっ、やっちまった！」という人も多いはず。

でも、最初はそれでいい。先輩たちもみんな右に挙げたようなガッカリ答案からスタートしている。そこから自分の進路や自分自身を見つめ直す作業を経て、無敵の志望理由を完成させたんだよ。

## 5 学部選びは職業選び

志望理由書には絶対に外せないポイントが三つある。

**❶将来就きたい職業**
**❷その分野についての問題意識**
**❸そのために大学で学びたいこと**

「職業？　そんなの大学を卒業するときに決めるんじゃないんですか？」

たしかに一般入試では、点数さえ取れば将来の職業まで考えていなくても合格できるよね。

でも推薦《すいせん》入試では、高校三年生のいまの時点で将来の職業をはっきり答えられた人が合格し、いえなかった人は落ちる。あとからどんなに小論文や面接を頑張っても、職業があいまいな志望理由を補うことはできないんだよ。

「**将来やりたい職業がある➡だからこの学部で学ぶことがある**」

これが推薦入試における学部選びの出発点。たとえ「ぶっちゃけ、この学部だけ倍率低かったから」が本音だったとしても（こういう人は結構多いけど）、志望理由書と面

接では建前《たてまえ》だけでも「将来の職業」を語る必要がある。

なぜ大学が「卒業後のビジョン」にこだわるかというと、これがない学生は入学後に「自分がやりたいことと違う」とかいい出して学業を諦めたり、四年後もやりたいことが決められず、就職できなかったりする確率が高いから。**就職率が下がるのは大学の社会的評価にかかわる大問題だ。**

もちろん、面接で語った「将来の職業」どおりにならなくてもいい。

若者の夢なんて四年もたてば変わっていくもの。それは大学教授もわかっている。でも、いまの時点で具体的に夢を語れる人は、四年間いろんなことを学んで刺激を受けるうちに最初の夢がいい方向に進化していくはず。逆

にいまの時点で夢を語れない人は、四年間いろんな情報に振り回されて、結局何も決まらないという可能性が高いと見なされるんだよ。

では、どうやって職業を考えるのか。

問題は多くの高校生が、「世の中にどんな職業があるのか」ということをほとんど知らないということだ。そもそも選択肢がないのに「選べ」といわれても困るよね。

いちばん手っ取り早いのは、学校の進路指導室に行って就職用の資料を見せてもらうこと。就職組の人たちは早い時期から職業についての情報を得ているんだよ。

あるいは書店に行って就職関連の棚を見てみるのもいいね。『プログラマになるには』『保育士になるには』といった本がズラーッと並んでいるので、背表紙を眺めるだけでもかなりの情報収集になるはず。

「推薦《すいせん》枠の都合で学部だけ先に決まっちゃった（汗）」という人は、その学部の卒業生の就職先をチェックしてみるといい。もちろん過去の卒業生が就いた職業に縛られる必要はないけれど、建前《たてまえ》で「将来のビジョン」を書くのであれば、過去の実績を参考にしたほうが「現実的」なビジョンを描きやすい。

すでにやりたい「夢」がある人は、その夢をもっと現実的なプランまで練り上げることを勧める。地に足の着いた将来像であればあるほど、説得力が増すからだ。

次のページから、「夢」の磨き上げ方を教えよう。

## オキテ 05
## 将来の職業を決めるのが推薦入試の第一歩。

## 6 本当の願望を掘り起こせ

「声優になりたいんです」という人がいる。この言葉を文字どおりに受け取れば、大学よりも声優養成の専門学校を勧めたほうがいいかもしれないよね。

でも、本当にそれでいいのかな?

高校生が最初に思いつく「やりたい職業」は、「本当にやりたい仕事」ではなく「簡単に思いついた肩書き」であることが多い。つまり「本当にやりたいこと」はもっと別の深いところにあって、それを言葉にできないから**知っている範囲の職業で代弁させているということだ。**

「声優になりたい」という人が「本当にやりたいこと」はなんだろう?

もし「声を使って何かをしたい」というのであれば、本当はアナウンサーやナレーターが向いているかもしれない。

「作品を作ること」が好きなのであれば、漫画家や映像クリエイター、二次元にこだわらなければ小説家や脚本家という選択肢もある。

「アニメ」という文化や産業が好きなのであれば、玩具《がんぐ》メーカーに就職してプラモデルやグッズを開発、販売するという道もある。かなり大きな市場だぞ。単に「秋葉原で最近盛り上がってる」というムーブメントが好きなだけであれば、もうアニメから離れてイベントプランナーや広告代理店でもいい。

「スポットライトを浴びて有名になりたい、スターになりたい」というのであれば、もしかしたら政治家が向いているかもしれないね。

それでも「やっぱり声を使って演技をしたい」ということなら、声優志望を貫けばいい。

声優になって何をしたいのか、どんな場面で活躍したいのかを具体的にイメージして、かつ自分が得意な分野に結びつけてみよう。もしかしたら「本当にやりたかったこと」は声優以外のところにあるのかもしれないよ。

オキテ 06

## その仕事に就いて何をしたいのかを具体的にイメージしよう。

# 7 その進路に大義名分《たいぎめいぶん》はあるか？

ガッカリ答案

**私は将来公務員になりたいです。これからの不況に備えて、安定した職業こそ自分にとって大切だと思うからです。**

たしかに仕事には第一に「自分の食《く》い扶持《ぶち》」という意義があるよね。高い給料を安定して得られる仕事を探すのは、人生の選択としては間違っていない。

でも、「志望理由に書く職業」を考えるなら話が別。志望理由では「**自分がこの仕事をしたら、だれの役に立つのか？**」という視点が欠かせないんだよ。

たとえば、公務員も全員が「安定のため」にそこにいるわけじゃない。窓口の人がミスなく円滑《えんかつ》に業務をおこなってくれるから市民は安心して生活できるし、福祉課に配属《はいぞく》されたら、生活保護を出すか出さないかで人の生活を左右することになる。

ゲーム業界も、新しいゲームを開発することでだれかを幸せにしたり経済発展に寄与《きよ》したり、探せばその仕事を喜んでくれる人が必ずいるはず。**どんな職業でも、お金をもらえるのは人の役に立っているから**なんだよ。

志望理由に職業を書くときは、「社会貢献《こうけん》」の視点を入れよう。これはそれだけ社会に目を向けているというアピールにもなる。

考えてみてほしい。同じ仕事でも「自分が儲《もう》かるから」という人と「社会の役に立つため」という人では、大学教授はどちらを応援したくなるか。それに、「自分のためではなく他人のため」といわれたら、審査《しんさ》する側も落としにくいよね。「大義名分」を掲げれば、否定されないんだよ。

**スッキリ答案**

**私は将来地方公務員になり、低迷している地域経済を活性化させるための企画立案に携わりたいと考えています。**

**オキテ07 「社会貢献」の視点を入れよう。**

# 8 大学の教育理念には触れるべき？

モヤモヤ答案

**私が貴校を志望するのは、教育理念のなかの「真・善・美を探求する」という言葉に共感したからです。**

大学のパンフレットを見ると最初のほうのページに「創造性溢《あふ》れる学生を育成する」とか「キリスト教精神にもとづいた人格教育」などの教育理念が書かれているよね。でも、高校生が「ほー、すばらしい教育理念だ！」なんて感動している姿、ちょっとウソくさい。

なぜなら「教育理念」は目に見えないものだから。

本当に大学が「教育理念」どおりの教育を実行しているなら、その「**理念**」**にもとづいたカリキュラムや制度が作られているはず**だ。

たとえば「創造性」というスローガンが本物なら、学生のアイデアを競うコンテストや、企業とのコラボで研究成果を商品化するような取り組みをおこなっているかもしれない。「実学重視」であれば、英文学よりTOEIC対策に重点が置かれているかもしれない。教育理念について触れるなら、目に見えない「理念」よりも、目に見える「カリキュラム」や「制度」について語るべきだ。

スッキリ答案

**「実学重視」という教育理念のとおり、資格対策やキャリアデザインの講座が充実している点が、将来起業を目指している私に最適だと考え、貴校を志望しました。**

もしカリキュラムや制度、設備を見てもパンフレットの「教育理念」との関係が見出せないようなら、それは「単なる建前《たてまえ》」かもしれないのでスルーしよう。たぶんその大学の本当のセールスポイントは別なところにあるはずだ。

オキテ08

## 見えない「理念」より、見える「カリキュラム」。

# 9 この大学を選んだ理由

「この大学、ほめるところがないんですけど……」

「ぶっちゃけ、レベル的に手ごろな大学で手を打っただけで……」

単に「この学部を志望する理由」だけなら「将来やりたい職業」を書けばいい。でもそれとは別に、「本学を選ぶ理由」という項目が登場するとみんな苦労するよね。「**他の大学にはなくて、この大学にしかないもの**」を探さなきゃいけない。

この場合、「カリキュラム」や「設備」を書くのは注意が必要だ。

なぜなら、カリキュラムと設備は他の大学との比較が難しいから。たとえば「すべての授業を英語でおこなう」なら日本ではかなり珍しい特徴だけど、「資格講座が充実している」大学はかなり多いはず。「最新設備の実験室」というのも、本当にその大学にしかないのかどうかは比べにくい。

「他の大学にはない特徴」として挙げやすいのは次の三つ。

**❶ 自分の地元という地域性**

**❷ 資格試験や就職などの実績が高い**

### ❸ 教わりたい教授がここにいる

「自分の地元の大学を出て、地元に就職したい」というのは、地方の県立大学などではかなり有利に働く。そもそも地元に貢献《こうけん》する人材を育成するために作られた大学だからだ。

「国家試験の合格率が他大学より高い」、「この業種への就職者が飛び抜けて多い」というデータがあるなら、これは明らかにその大学を選ぶ理由になる。

そして教授。「充実した設備」なら他大学にもあるだろうけれど、「○○教授」は世界にたった一人しかいない。その教授の弟子になるにはこの大学に入るしかない。

自分が受ける学部・学科の教授について調べてみよう。大学教授はそれぞれ専門の研究テーマを持っているもの。大学のホームページをチェックするのもいいし、教授の著書を探して読んでみるのもいい。

オキテ 09 この大学にしかない特徴は、地元・実績・教授。

# 10 オープンキャンパスに行こう

志望理由がまったく思いつかない人、将来のビジョンが浮かばない人はオープンキャンパスに行ってみるのもいい。その学部で「何を学ぶのか」「将来どんな進路があるのか」を実際に聞けるいい機会だ。

オープンキャンパスに行くときに、押さえておきたいポイントが三つある。

❶ **体験授業、講演会に参加する**
❷ **教授に質問する**
❸ **体験授業の話を志望理由に書く**

## 1．体験授業、講演会に参加する

学園祭とオープンキャンパスを兼ねて開催する大学も増えているけど、屋台《やたい》やバンドのステージを見て喜んで帰ってきてはいけないよ。学園祭は一年に一度のお祭りであって、ふだんの大学の姿ではない。受験生として行くなら、本来の大学の様子をしっかり見てこよう。

必ず顔を出してほしいのが**体験授業**（**模《も》擬《ぎ》授業**）**や講演会**。大学でふだんやっているような講義を聴いたり、実験に参加したりすることができる。キャンパス内のあちこちで各学部が開催しているので、パンフレットやウェブサイトで事前にスケジュールを確認しておこう。

## 2. 教授に質問する

体験授業で、ただボーッと聴いているだけではもったいない。講義が終わったら、その教授に質問をしてみよう。最後に「質問はありませんか？」といわれたら恥ずかしがらずに手を挙げよう。質問タイムがなかったら、スタッフTシャツを着た人に「先生に質問したいんですけど」と声をか

けてみよう。教授に取り次いでもらえる。
立派な質問をする必要はまったくない。高校生なんだから、初歩的な質問や的外れな質問でもかまわない。「この部分がわからなかったんですけど?」でもいいし、「どんな本を読めばいいですか?」でもいい。
ついでに自分が興味あることや将来やりたいことを話してみてもいいね。貴重なヒントをもらえるかどうかは聞いてみなければわからないけれど、自分から一歩踏み出して質問しないかぎり「ご縁」は生まれない。

## 3.体験授業の話を志望理由に書く

いままでなんの問題意識も持たず、将来の目標もないという人は、オープンキャン

## オキテ10 「体験授業＋後日談」を書こう。

パスの体験授業を「志望するきっかけ」にしてしまってもいい。ただしその場合、単に「感動しました」「目からウロコが落ちました」では芸がない。

教授の話を聞いて本当に感動したり考えさせられたりしたのなら、次の日から自分の行動に何か変化があったはずだ。関連する本を読んでみたり、実際に自分で実験をやってみたり、生活習慣を変えてみたり。どうせ「後づけ」で書くなら、ここまでやって書こう。

体験授業の内容だけならだれでも同じことを書ける。でも**後日の「○○をやってみた」は自分にしか書けないオリジナルなもの**になるんだよ。

# 11 大学職員と仲良くなっても意味がない

「オープンキャンパスに行ったら大学の先生と意気投合しちゃって、『君みたいな人こそうちの大学に来てほしい』っていわれちゃったんですよー。もう、半分合格したようなもんですよね！」

こんな調子で油断して、フタを開けてみたら不合格だったという話は意外と多い。なぜかというと、彼らのいう「大学の先生」は「教授」ではないからだ。

高校生には見分けがつきにくいけれど、大学にいる「大人」は教員と職員に分けられる。教員は教室で学生に勉強を教える人。そのなかでいちばん偉いのが教授、その次に准教授、講師という身分の違いがある。

職員というのは大学の事務や営業、広報を担当する人たち。彼らは教員と違って学生に勉強を教えることはない。

「入試相談会」などの窓口で、受験生の相談に乗ってくれるのは基本的に職員。彼らの仕事はたくさんの高校生に受験してもらうことなので、「君こそ本学にピッタリだよ！」なんて調子のいいことをポンポンいうものだ。

でも、職員に合否の決定権はない。合否を決めるのは教授。ここをわかっていないと、単なるセールストークを「合格の太鼓判《たいこばん》」と勘違いしてしまうんだよね。

一方で、オープンキャンパスなどで教授と話す機会があれば、それはちょっとだけ有利になる。一度質問に行ったくらいで合格が保証されることはないけれど、たとえば面接官がその教授だったら「あのときの君か、覚えてるよ」という展開になるかもしれない。それに万一まったく同じ点数が並んだら、顔と名前を知っているほうを選びたくなるのが人間の心理というものだ。

もう一つ気をつけたいのが、教授と准教授の区別。たまに同じ研究室なのに教授と准教授の仲が悪いというケースがある。それを知らずに（知りようもないけど）、面接で准教授の著書ばかりほめると教授の機嫌を損ねることがある。

うっかり地雷《じらい》を踏まないよう、アタックするなら准教授ではなく教授を選ぼう。

## オキテ 11 職員よりも准教授よりも、教授の顔を立てる。

# 12 先生に代筆してもらっちゃダメですか？

「志望理由書にウソを書いても、バレませんか？」

「ぶっちゃけ、先生に書いてもらっても大丈夫ですよね？」

大人にウソをついて「バレてない」と思っているのはガキの証拠。

相手は何百枚も志望理由書を審査《しんさ》してきたプロだということを忘れちゃいけないよ。

興味がないのに「興味あります」と書いても、内容に具体性がなければすぐバレる。先生に書いてもらったものは、文章がうますぎるわりに本人しか書けない話が抜けてしまうのでやっぱりバレる。

ただ、大人は「ウソだろ？」「自分で書いてないだろ？」と直接はいわない。

その代わり、面接で鋭い質問をしてくるだけだ。

くわしいことを聞かれても答えられなかったり、志望理由書と矛盾《むじゅん》することを答えてしまったりすると、面接官はニッコリ微笑《ほほえ》みながらも心のなかでは「あー、やっぱりね。はい、不合格」と判断しているんだよ。

もう一つ、もっと重大なことがある。

それは、志望理由を書くことは「将来の職業」や「大学で学ぶ」ことについてじっくり考えるプロセスでもあるということ。

この作業から逃げて、大学に入ってから「本当にやりたいことと違う！」なんてことになったら、人生が望まない方向にいってしまうことになりかねないよね。

僕は予備校講師になって一五年たつけれど、せっかく大学に受かったのに、学部とのミスマッチで後悔する生徒を少なからず見てきた。一般入試ではこれが生じやすい。

推薦《すいせん》入試やＡＯ入試のいちばんのメリットは、**志望理由書というプロセスを通して後悔しない大学選びができる**ことだ。だから本気で取り組むことに価値がある。

自分の将来のビジョン、自分の生きる意義を見つけ出した人は強い。この先少しくらい勉強や部活で苦労しても（恋愛で失敗しても）、もっと大きな視野を持っているので心が折れたりしないいんだよ。

オキテ 12

## 望みどおりの人生を送りたかったら、自分の本音に向き合おう。

# 13 夢は語ったほうが叶う

「夢は語るものじゃない。叶えるものだ」なんてよくいわれるよね。「不言実行《ふげんじっこう》」という言葉もある。でも実際は、黙って努力するよりもどんどん人に話したほうが夢は叶いやすい。

とはいっても「言葉には言霊《ことだま》がある」なんてスピリチュアルな話ではないよ。単純に「自分の夢を知っている人が多ければ多いほど、いい話をまわしてもらえる確率が高くなる」という理屈。

たとえばキティちゃんが好きな人は、全国のご当地キティを山ほど持っていたりするよね。ふだんから「キティ好き」をアピールしていると、いろんな人が旅先の売店で「あの子が喜びそう!」と思い出して買ってきてくれるからだ。

同じように、担任の先生に「将来はプログラマになりたい」という話をしておけば、「情報学部の指定校推薦《すいせん》枠があるんだけど、どうだ?」、あるいは「この本が参考になると思うから、読んでみろ」なんて声をかけてもらいやすくなる。

もちろん学校の先生はどの生徒にも平等にチャンスを与えるのが建前《たてまえ》。でも、何かあ

## オキテ13 いい情報が集まってくるルートを作ろう。

ったときに「そういえば、あいつが欲しがってたな」、と最初に頭に浮かぶ生徒に声がかかる確率のほうがやっぱり高い。そして最初に思い浮かぶ生徒とは、ふだんから先生に自分の希望を伝えている生徒なんだよ。

強く売り込まなくていい。**さりげなく伝えておけば、いざというときに思い出してもらえる**ものだ。

学校の先生だけではなく、友達にも話してみるといい。もしかしたら友達のお兄さんの先輩くらいにゲーム会社の社員がいて、話を聞けるかもしれないよ。

壮大なロマンを親友一人に打ち明けるより、ちょっとした希望をたくさんの人に話しておいたほうがチャンスに恵まれる。小さな種もたくさんまいておけば、どれかは実を結ぶもんだ。

Column

## 「先輩の話」はどこまで聞くべきか

卒業したＯＢとのつながりが強い部活にいると、自分が受けようとしている大学に入学した先輩からいろいろアドバイスをもらえることがある。これは心強いもの。

特に面接の形式（会場の配置や面接官の人数）や質問内容などは非公開の大学が多いので、実際に受験して受かった本人から聞けるのはかなり貴重だ。

ただし、ここで一つ注意点がある。

ＯＢも神ではないので、彼らのアドバイスの全部が正しいとはかぎらない。こんな話が出てきたら気をつけよう。

「こういうこと書くと受かるよ」

「こういう活動をしていると、評価されるよ」

「俺は評定平均が低かったけど、余裕で受かったよ」

これらは、あくまでも「元受験生の個人的な体験」でしかない。

自分がダントツの成績で圧勝したのか、それとも合格ラインギリギリだったのか、面接の何が評価されたのか、本当のところは合格した本人も知らないんだよ。ドヤ顔でアドバイスを語っている先輩がじつは合格者のなかでビリだった、なんて可能性も否定できない。

「○○大学は英語で決まるから、小論文なんか採点していないらしいよ」

ここまでくると、「学生のあいだで流れている都市伝説」にすぎない可能性が高い。その大学に所属しているとはいっても一年生が入学試験の裏側にタッチできるわけはないからね。そんなうわさ話に振り回されて見当違いな対策をしてしまったら、せっかくの情報戦も逆効果だ。

ＯＢの話を聞くときは、「客観的事実」と「その人の主観・推測」を区別する必要がある。「集団討論の形式」などはしっかりメモして、「俺はこんなこと書いて楽勝だったぜ」という自慢話は一応ありがたく聞いたフリをして受け流そう。

身近な人の話を聞くときこそ、その真偽を見分ける情報リテラシーが必要だ。

第三章

# 活動報告書はストーリーを

部活の実績だけなら調査書にも書いてあるはず。
わざわざ受験生本人に活動報告書を書かせるからには、
大学は実績以外のプラスアルファを求めている。
このポイントがわかれば弱小チーム、
幽霊《ゆうれい》部員、帰宅部生にもチャンスあり！

# 14 バンドは課外活動になりますか？

「高校三年間、バンド活動をものすごく頑張りました。文化祭でも観客動員がいちばん多かったし、これは課外活動として活動報告書に書けますか？」

広い意味では、学校の勉強以外の活動はすべて「課外活動」。でも部活や委員会はいいとして、サッカーのクラブチームや友達と組んだバンドなどは迷うよね。

「課外活動」のなかでも、推薦《すいせん》入試の活動報告書で評価されるものには条件が三つある。

## 1．非公式よりは公式活動

学校公認の部活やクラブ活動、委員会などは公式活動だ。「鉄道同好会」も学校の公認を得ていれば大丈夫。バンドの場合は、軽音楽部としての活動かどうかが評価の分かれ目だね。

学校公認ではなくても、所属するスポーツのチームが「日本〇〇連盟」に加盟して、大会などに出るようなチームであれば公式活動。仲間が集まっただけの草野球チームは非公式。

ボランティア活動も学校や自治体、NPO法人などが主宰《しゅさい》する活動なら公式。単に有志が集まって始めたものは非公式。

## 2.「頑張った」よりは客観的評価

客観的評価とは、大会で何位になったとか賞を取ったとか、感謝状を贈られたとかの社会的実績《じっせき》だ。クイズ甲子園などのテレビ番組に出るのは非公式活動だけど、そこで上位に勝ち残ったら立派な客観的評価だ。

逆に部活動でも試合で勝ったことがなければこの点が弱い。生徒会や委員会も、ただ選ばれただけでは客観的な評価をかせげないので「何かを実現した」という実績を作っておくといいね。

バンドの場合、コンテストで賞を取れば客

観的に評価されたことになる。そのコンテストが公式で権威《けんい》ある賞ならもっといい。でも「超盛り上がった」だけでは自分たちの主観なのでダメ。「観客動員数」も、もしかしたら自分たちではなく共演したバンドのおかげかもしれないのでダメ。

## 3．大学が認める活動であること

歌手や俳優はプロとして活躍しているなら公式活動と見なされる。でも無名の劇団員の場合、それで収入を得ているのでないかぎり大学は単なる趣味、すなわち非公式と見なすだろう。

モデルやアイドルの場合は、芸能事務所に所属してテレビ出演や写真集などの活動歴があっても、大学によっては「真面目な活動」

とは見なしてくれない場合もある。どこで線を引くかは大学の校風によるとしかいいようがないので、風紀にうるさそうな大学では黙っておくのが無難《ぶなん》だ。というより、そんなお堅い大学に入ったら今後の芸能活動が難しくなる。在校生に芸能人が多い大学に志望校を変えたほうがいい。

## オキテ14 「課外活動」の目安は公式活動と客観的評価。

活動報告書で文句なしに最強なのは「夏の高校野球優勝」のような「公式で、かつ客観的評価を得た活動」。次が「非公式でも客観的評価を得た活動」、「公式だけど実績《じっせき》のない活動」の順になる。

ただし、公式で客観的評価だからといって「中学校の発明コンクール金賞」を持ち出してもダメ。よけいに「高校三年間何もしなかった」感が強調されて逆効果だ。あくまでも高校時代の活動から探そう。

# 15 ショボイ実績をどう書くか？

ガッカリ答案

**私は高校三年間バスケットボール部に所属していた。市の大会では見事ベスト8に輝いたほか、地元のスポーツ用品店が主催《しゅさい》する「ちびっこバスケ教室」のスタッフに選ばれ、小学生に指導をしたり、地元の大学生チームと対戦して三勝二敗するなど輝かしい実績《じっせき》をあげた。**

地味な実績を並べたねえ。「市の大会でベスト8」以外に実績らしいものがないので、頑張って埋めた努力だけは伝わってくる。

普通の高校生が普通の実績をアピールしても、「全国優勝」や「オリンピック日本代表」という大物が現れたら勝ち目はない。実際、推薦《すいせん》入試には実績自慢のライバルが集まるので**同じ土俵《どひょう》で戦うのは避けたい**よね。

活動報告書に書くのは実績よりもストーリー。

まず、「市内ベスト8」になる前の「もっとショボかった時代」と比較しよう。ここでのダメっぷりを隠さず書けば、市内ベスト8が「大いなる一歩」になる。

そしてもう一つ。勝てなかったチームが一勝するまでには、何か工夫や変化や学びがあったはずだ。その「内面の進歩」を書くことで「ストーリー」が完成する。

## スッキリ答案

**私が所属していたバスケットボール部は、一年間一勝もできない停滞《ていたい》が続いていた。しかし地元の「ちびっこバスケ教室」に頼まれて小学生に指導をしたところ、パスやドリブルの動作や試合中の目の配り方など、忘れていた基本に改めて気づかされた。これをきっかけにチーム全員の動きが大きく変わり、市の大会で二年振りにベスト8に入ることができた。実績以上に、「教えることによって学ぶ」という体験をしたことが将来のための大きな財産になったと思う。**

### オキテ15 活動報告書は実績よりもストーリー。

# 16 帰宅部生の活動報告書

「高校一年生の十二月から二年生の五月にかけてバスケットボール部に所属し、チームワークと忍耐力を身につけました」

おいおい、半年で辞めたら忍耐力ないって（笑）

こういう場合は部活の話を無理に引っ張るのは諦めて、「自分がいちばん没頭してきたもの」を探してみよう。意外なお宝が見つかるかもしれない。

環境系学部を志望していた、ある帰宅部女子のケース。

「ところで君、部活やらないで家に帰ってから何してるの？」

「特に何も……。テレビ観たり、本読んだり、トカゲにエサやったり、インターネットやったり、音楽聴いたり」

「ふーん……えっ、トカゲ？　いまトカゲっていった？？？」

じつは彼女、大の爬《は》虫類《ちゅうるい》好きで、サバンナオオトカゲとかヒョウモントカゲモドキとかカメレオンとかを自分の部屋で飼っていた。さらに「彼らのエサ用」にコオロギまで飼育しているほど。

筋金入りの爬虫類オタクだ！

「どん引きされるかと思って黙ってたんですけど……」

たしかに婚活パーティーでカミングアウトしたらどうなるかわからないけど、生物系の大学教授が聞いたら放っておくわけがない。「生き物好きで几帳面で研究熱心」という学生としての資質がわかるし、もしかしたら教授も知らない知識を持っているかもしれない。

非公式の個人的な趣味であっても、客観的評価を得たことがなかったとしても、常軌を逸《いっ》した「マニアックな趣味」にはそれだけで希少価値がある。

そして、**学部の内容と接点を持ったとき、その「マニアックな趣味」は「専門家」という名の強力な武器になる。**

結局、彼女は活動報告書のなかで「爬虫類の生態を知り尽くしたオタクの目からみた『都市と自然の共生』」を思う存分語って、合格した。

## オキテ16 マニアックな趣味も、極めれば武器になる（かもしれない）。

# 17 失敗談こそ、おいしい

活動報告というと「輝かしい成功体験」を書かなきゃいけないと思い込んでいる人も多いけど、そんなにだれもが成功ばかりしているわけじゃない。だから書くことがなくて適当に欄《らん》を埋めることになってしまう。

**モヤモヤ答案**

高校二年生の夏、海外研修としてロンドンに一か月ホームステイし、現地の高校生やホストファミリーと交流を深めました。言葉や習慣の異なる人々とともに生活するなかでさまざまな発見があり、得意の英語力にさらに磨きをかけるとともに、たくさんの現地の友人に囲まれて異文化交流のすばらしさを肌で感じました。一生の思い出になる海外研修となりました。この経験をいかして、将来は日本と英国の橋渡しになるような仕事に就きたいと思います。

これは実際に生徒が書いてきたもの。悪くはないけど「当たり障りのないこと書きました」って感じがしたので、本人に聞いてみた。

「そんなに『すばらし』かったの？」

「いやぁ、じつは……ぶっちゃけ、辛かったんですよ」

よくよく聞いてみると、現地の高校生と英語でディベートをする授業があって、まったく太刀打《たちう》ちできずに惨敗《ざんぱい》してしまったらしい。英語力にはちょっと自信があったのに、自分たちの無知と幼稚さを見せつけられてションボリ帰国……。

おいしいじゃん、その失敗談！

「異文化交流」だけなら観光客でも体験できる。でも「外国の高校生とのレベルの差」なんて見せつけられることは滅多《めった》にないよね。

それにショックを受けて帰国したなら、その後の生活や考え方に何か変化があったはず。

つまり、**「恥ずかしい出来事」**ではなく**「有意義な学びの機会」**だったんだよ。

こうなったら潔《いさぎよ》く失敗談を包み隠さず書いてしまおう。ポイントは「失敗」の部分の惨めさを隠すことなく描写すること。マイナスが強ければ強いほど「そこから何を学んだか」、「いまの自分にどんな影響を与えたか」というプラスの部分が引き立つという計算だ。

## スッキリ答案

**ロンドンにホームステイをしたとき、現地の高校生とディベートをすることになりました。ところが「国家と国際貢献《こうけん》」というテー**

マについて、ふだんから真剣に考えたことのない私たち日本人チームはまったく歯が立たず、完敗でした。この敗北感をきっかけに、帰国後は日本の憲法論議や海外援助の経緯などを一から学び直し、国際社会で対等に議論できる人間になるための努力をしています。

どんなに輝かしい成功でも、それは過去の栄光にすぎない。いままで成功してきた人が今後も成功し続けてくれるとはかぎらないし、どこかで一度失敗したらポキンと折れて終わってしまう恐れがある。

でも**失敗からも学ぶ能力のある人は**、**何度失敗してもそれを乗り越えられる**。偉大な発明家や研究者はみんな失敗をプラスに変えた人たちなんだよ。

## オキテ 17 「過去の栄光」よりも「失敗から学んだこと」。

## 18 ウソっぽく見えてしまう自己PR

ガッカリ答案

**私は発展途上国への支援活動にたいへん興味がある。これは私の夢であり、ライフワークといっても過言ではない。そのためならどんな努力でも惜しまない！**

ホントかな？

本当に途上国への支援活動に興味のある人なら、すでにボランティアなどの行動を始めていてもおかしくないよね。少なくとも関連する本を読んだり、何か調べたりはしてほしいところだ。

「夢」「ライフワーク」「どんな努力でも」「！」など大げさな言葉を並べ立てても、実際に何も行動していないというのでは、「本気ではない」「口先ばかり」と受け取られても仕方がない。

本気度を伝えるのは**熱い言葉ではなく**、**行動を起こした事実**だ。

国語的にいうと、「〜がある」という現在形ではなく「〜した」という過去形。たとえば「好奇心が強い」なら「珍しい昆虫を捕りに奄美大島《あまみおおしま》まで行ってきた」とか、「集中力がある」なら「爪楊枝《つまようじ》を一万本積み上げて姫路城を作った」とか、過去形でいえる事実があるはず。もしも過去形でいえる事実がなければ、それは「そう思われたい」という単なる自分の願望にすぎない。

**スッキリ答案**

**私は高校一年生のときから、カンボジアの子どもたちに絵本を送る活動にボランティアとして参加してきた。将来も発展途上国への支援活動に携わっていきたい。**

「参加してきた」という過去形の事実を書けば、そのあとで「携わっていきたい」という未来形を書いても信用される。**過去の事実は未来の夢の裏づけになる**んだよ。

## オキテ 18 事実を過去形で書こう。

# 19 自分の長所と短所

ガッカリ答案

**私の長所は協調性があるところです。短所は少し自己中心的なところです。**

「協調性がある」はずなのに「自己中心的」では矛盾《むじゅん》しているよね。これでは「本当に自己分析したのかな？　どこかで聞いたような言葉で埋めただけじゃないか？」と疑われてしまう。

それに短所を挙げっぱなしで終わっているので、改善する気があるのかないのかわからない。

長所・短所を書くときは次の二点に気をつけよう。

**❶ 長所と短所が矛盾しない**

**❷ 短所に対する改善策を示す**

人の性質は状況によって長所にも短所にもなる。「思慮《しりょ》が深い」は「優柔不断《ゆうじゅうふだん》」と見なされることもあるし、「空気が読めない」は「突破《とっぱ》力がある」ともいえる。このように**一つの性質の裏と表を書けば、矛盾しない長所・短所になる。**

そしてもっと大事なのが、短所に対する改善策を示すこと。

「自分の欠点を書いたら評価が下がっちゃうんじゃないですか？」なんて心配する人もいるけど、そもそも短所のない完璧な人間なんて存在しない。「長所と短所」という欄《らん》で大学が求めているのは、「短所を自覚して、改善しようとしている人」つまり**自己分析力と向上心**のある人なんだよ。

**スッキリ答案**

**私は協調性がある反面、引っ込み思案で自己主張に欠けるとよくいわれます。ふだんの生活では協調性を保ちながらも、ゼミの討論や発表の場では積極的に発言していきたいと思います。**

## オキテ 19 短所を挙げたら改善策も示そう。

# 20 活動報告と志望理由を一貫させよう

**問題**

あなたが高校時代に力を入れてきた活動と、それを今後にどういかしたいかを述べなさい。

**ガッカリ答案**

私は三年生のとき、校内の英語スピーチ大会で三位というたいへんすばらしい成績を取った。この大会はグループの対抗戦で、大会までの二週間、私たちは放課後遅くまで残って準備をした。私は自分の英語の練習だけではなく、リーダーとして4人のメンバーをうまくまとめ、その責任を果たしたと自負している。ここで培《つちか》った英語力と精神力を大学入学後もいかしていきたい。

大学入学後は経営学を専攻したい。いま起業が大ブームである。私も自分で会社を起

**こし、ビジネス界に新しい風を起こしたい。そのために必要なのは人脈作りだ。勉強ばかりするのではなく、サークルや飲み会にも積極的に参加し、将来のための人脈を作っておきたい。だからこそ、たくさんの学生が集まるこの大学を志望するのである。**

校内三位が「たいへんすばらしい成績」かどうかはさておいて（笑）、これでは活動報告の中心が英語を練習した話なのか、リーダーを務めた話なのか区別がつかないよね。リーダーシップの話だとしても、具体的にどんな工夫をしてメンバーをまとめたのかが書かれていない。

後半は「起業をしたい」という話になっているけど、起業ブームに乗りたいだけで、「なんのためにどんなビジネスをするのか」という中身がまったくない。

そしてなにより残念なのは、**前半の活動報告と後半の志望理由に関連性がない**こと。活動報告（過去）と志望理由（未来）がバラバラでは、「行き当たりばったりで生きている人」と見なされてしまう。これでは志望理由も「どうせ思いつきだろ」と思われてしまう。言動に一貫性のない人は、信用されないんだよ。

リーダーを務めたときに学んだこと、そして将来やりたいビジネスを具体的に書き出してみよう。どこかに関連性が見出せるはずだ。

**スッキリ答案**

高校三年のとき、校内でグループ対抗の英語スピーチ大会がおこなわれた。私のグループは当初、メンバー各自がやりたいテーマを主張して揉《も》め、一時はグループ崩壊《ほうかい》の危機にあった。しかしリーダーである私が自分の意見を抑え、メンバーに資料作りや原稿チェックなど、各自が得意な役割を与えたことで争いは収まり、協力する態勢ができた。結果は三位だったが、私はこの経験から「リーダーシップとは適材適所《てきざいてきしょ》を判断すること」だと学んだのである。

大学入学後は経営学を専攻したい。将来、障がいを持つ人たちが働き、精神的にも経済的にも自立するための会社を作りたいからである。それぞれ障害の種類や程度が異なる人たちに自分の持ち味を発揮《はっき》して働いてもらうためには、一般の会社以上に適材適所を考える必要がある。そのため単なる経営の知識だけではなく、ゼミや研究室の仲間との共同作業を通してチームワークやリーダーシップにさらに磨きをかけていきたいと考えている。

リーダーとしてメンバーに得意な役割を与えたこと、障がいを持つ人たちを自立させる会社という夢。一見無関係にも見えるこの二つの接点として、「適材適所」というキーワードを見つけ出したね。

ここまでできると、「将来の夢のために高校生活を送っていた人」と見なされる。本当はいま思いついただけかもしれないけれど、そんなことはどうでもいい。大事なのは**「過去と未来を結びつける力」があるという評価だ。

こういう思考ができるようになるには、活動報告と志望理由それぞれを一言でまとめてみるのがコツだ。いくつか候補となるキーワードを書き出してみるといい。活動報告と志望理由に共通するキーワードが一つ見つかるかもしれない。

たぶんそれこそが、自分のライフワークになりえるものなんだよ。



## オキテ20 信用は、過去と未来の一貫性から生まれる。

Column

## 受験生のメンタルコントロール①
# 反省するより、忘れよう

受験生にとっていちばん難しいのは暗記でも徹夜《てつや》でもなく、モチベーションを維持し続けること。気分のいいときにはノリノリで勉強できるけど、いやなことがあると凹んで勉強が手につかない、なんて人がいちばん危険だ。つまり「やるぞ！」という気合いを出すことではなく、気分の浮き沈みをなくし平常心を保つことが大事なんだよ。

とはいっても、禅のお坊さんでもない受験生が「平常心！」と念じたところで自分の心をコントロールすることは難しいよね。

ここではだれでもすぐできる、平常心の保ち方を教えよう。

気分が落ち込む原因は毎日発生するもの。だれかに悪口いわれたとか、何か失敗して怒られたとか、だれだって生きていれば後悔することや恥ずかしいことの一つや二つや十や二十はあるものだ。

そのとき一回だけ心が傷つくのは仕方ない。でもあとからそのことを思い出すと、心のなかで同じショックをもう一度受けてしまうものなんだよ。

つまり、家に帰って布団に入ってからもそれを思い出してクヨクヨしていたら、「実際の出来事×思い出す回数」分、自分で勝手にショックを重ねていることになる。そしてショックを重ねれば重ねるほど、さらに忘れられなくなってしまう悪循環。寝ても覚めてもいやな奴の顔が浮かぶようになったらかなりの重症だ。

必要以上に落ち込まないようにするには、この悪循環を断ち切ることが大切。

いやなことを思い出しそうになったら、別のことを思い浮かべよう。好きな食べ物のことでもいいし、大学生になって一人暮らしをするプランでもいい。ちょっとネガティブになりかけた瞬間に、楽しいことを思い浮かべてサッと気をそらすのがポイントだ。

大人はよく「反省しろ」というけど、思い出すことによる精神的ダメージのほうが大きいなら反省なんかしないほうがいい。あっけらかんと受け流せる人のほうが次のチャンスに挽回《ばんかい》できるものなんだよ。

第四章

# 小論文には正解がある

「何を書けばいいかわからない」

「何が評価されるのかわからない」

とみんなが悩む小論文。

でも入学試験である以上、出題者が求める「正解」が存在する。

「こう聞かれたら、こう答える」という、
実戦で役立つ切り口の見つけ方を覚えよう。

## 21 小論文と作文の決定的な違い

「小論文って何を書けばいいの?」
「小論文と作文って、何が違うの?」
小論文初心者が必ず思う疑問だよね。そんな人のためにズバリ結論から教えよう。

### 【小論文＝問題点＋解決策】

小論文で出題されるテーマといえば、環境《かんきょう》問題、少子高齢《こうれい》化問題、失業問題、財政問題、外交問題……。どれも世のなかで問題となっていることばかり。その社会問題に対して**解決策を提案するのが小論文**、**それ以外はすべて作文**とよぶ。

熱い想いをぶつけても、専門知識を並べても、問題解決をしていなければ小論文とは評価されないんだよ。

たとえば「郊外への大型ショッピングセンターの進出について」というテーマがあったら、作文と小論文では切り口がまったく異なる。

**作文**

私の地元のバイパス沿いにもショッピングセンターやファミレス、パチンコ屋などが立ち並び、にぎわいを見せている。これらの大型店は駐車場が広いうえに品揃えが豊富で価格も安い。家族連れにはとても便利である。個人的には、これからもどんどん増やしてほしいと思う。

**小論文**

郊外に大型ショッピングセンターが進出すると、周辺の商店街が客を奪われ多くの店が閉店に追い込まれる。小規模の商店は大量販売や安売りができないため、たとえば革靴《かわぐつ》のオーダーメイド専門店のように、個々の店が専門特化するなど、大型店とは異なる発想で対抗するべきである。

「問題点」とは「だれかが困っていること」。自分には便利でも、それによって困る人もいるものだ。そんな人の役に立つのが、「書く価値のある文章」なんだよ。

## オキテ21 小論文とは、問題点を挙げて解決策を出す文章である。

## 22 本番で使える三段落構成

段落分けといえば、「起承転結」や「序論・本論・結論」という用語が知られているけど、大学入試の小論文で合格したかったら、まずは次の段落構成を頭に叩き込んでほしい。

**第一段落**　**問題提起《ていき》（※課題文によって臨機応変《りんきおうへん》に使い分ける）**
**第二段落**　**原因分析**
**第三段落**　**解決策**

小論文の**出来を左右するのは第一段落の使い方**。

一口に「問題提起」といっても、課題文のタイプによっていろいろな切り口があるんだよ。

たとえば「友情について」のように課題文が抽象的なテーマだったら、具体例や体験談を第一段落に書く。

逆に「東京へのオリンピック誘致《ゆうち》を阻《はば》む八つの困難」のように、課題文が具体的な事例を説明していたら、そのなかで最も重要な問題点に話題を絞る。

もしも「憲法を改正しよう」のように筆者が提案をしていたら、それに対する賛成・反対を第一段落で述べる。

あるいは「下線部を説明したうえで」、「本文を要約しながら」のように設問に条件がつけられていたら、第一段落でその要求に答える。そうすると自動的に問題提起につながるようになっている。

つまり「いろいろなタイプの課題文」と、「原因分析↓解決策」とのあいだをつなぐのが第一段落なんだよ。第一段落さえ臨機応変に使いこなせば、あとはいつでも「原因分析↓解決策」のパターンに持ち込むことができる。

次のページから、課題文のタイプごとに攻略法をくわしく紹介しよう。

## オキテ22 課題文に合わせて第一段落を使いこなそう。

# 23 抽象的な、あいまいな、フワフワした課題文

**問題**

次の文章を読んで、あなたが思ったことを述べなさい。
人には口が一つしかないが耳は二つある。
これは「語る」ことの二倍、「聞く」ことが大事だからだといいます。
人と人とのコミュニケーションで大切なのは「聞く」こと。
ただ相手が話してきた言葉を聞くだけでは十分ではありません。
人にはそれぞれ言葉にならない「想い」というものがあります。
想いは表情や仕草《しぐさ》に表れるもの。
そんな微《かす》かなサインを「見逃さない」ことも「聞く」ことに含まれます。
だからこそ、人には目も二つあるのでしょう。

エッセイのような、詩のようなフワフワした課題文。文学部や医療《いりょう》系だけでなく、法

学部などのお堅い学部でも意外とよく登場する。

この手の「とらえどころのない」課題文が出題されると、フワフワした課題文に引っ張られて、答案までフワフワな「作文」でいいと油断してしまう人が続出してしまう。

## ガッカリ答案

**人には口が一つしかないが耳は二つある。これはとても深い言葉だと思いました。**

**筆者のいうとおり、人と人とのコミュニケーションで大切なのは相手の言葉を「聞く」ことです。人にはそれぞれ「想い」があるもの。それを聞いてあげなければコミュニケーションになりません。**

**そして想いは表情や仕草に表れます。たとえば、うれしいときには笑顔になり、悲しいときは泣き、緊張すると足が震えるというように。そんな微かなサインを見逃さないためにも、人には目が二つあるのです。**

**私も、他人の想いを聞き取ることのできる人間になりたいです。**


ほとんど課題文を写しただけ。表情と仕草について具体的に書き足しているけど、それ以外にこの文章を読んでも得るものはない。

それに「深い言葉だと思いました」とか「……のできる人間になりたいです」とか、感想文（作文）になってしまっている。文末もうっかり「です・ます」調になってるし。

もう一度「小論文＝問題点＋解決策」という基本を思い出そう。

フワフワの課題文には「問題」が具体的に書かれていないけど、それでも何か「問題点」を見つけないことには小論文はスタートしない。

ならば、自分で具体例や体験談を挙げて「具体的なテーマ」に変えてしまおう。

実際の社会で起きている事件や、自分の身のまわりに起こった出来事のなかで、課題文のテーマにつながるものを探してみる。

この問題の場合、人の言葉の背後にある「想い」を「聞く」ことが難しいケースを考えてみよう。

**スッキリ答案**

**医療《いりょう》現場で患者の想いを軽視することは医療事故や医療訴訟《そしょう》につながる。しかし実際、患者との意思疎通《そつう》は健康な人以上に難しいものである。（具体例）**

**なぜなら、患者の悩みは病状だけではなく経済状況や人間関係など複雑で、他人には正直にいいにくいことも多いからである。（原因）**
**したがって、医療従事者は患者の言葉を鵜呑《うの》みにせず、それが本音なのか建前《たてまえ》なのかを見分けるために、時間をかけて対話する必要がある。（解決策）**

漠然と「聞く、聞かない」だけで話を進めると、「聞かなくたっていいじゃないか」という人もいるので説得力に欠ける。でも「医療事故や医療訴訟」となると患者の命にかかわるし、慰謝料《いしゃ》などのお金の問題にもなる。こういう、**だれから見ても「問題だ」と思えるような具体例を探す**と説得力が増すんだよ。

もちろん受験する学部に関係ある具体例がいちばんいいけれど、もしも思いつかなければ（設問に条件がないかぎり）学部と関係ない話でもかまわない。

## オキテ23 例や体験談を挙げて、具体的なテーマに変えてしまう。

# 24 特定の社会問題が提起《ていき》されている課題文

**問題**

次の文章を読んで、考えたことを述べなさい。

スマートフォンが普及し、インターネットは「いつでも、どこでも、だれでも」という理想世界を実現した。特にツイッターやフェイスブックなどのＳＮＳ（ソーシャル・ネットワーク・サービス）は人々のつながりに革命をもたらし、この技術革命は「アラブの春」とよばれる政治革命にまで大きな影響をもたらした。

しかしその一方で、「情報リテラシー」にまつわる騒ぎも増えている。東日本大震災の直後には「うがい薬を飲むと被曝《ひばく》しない」などといったデマが数多く流れたほか、「救助してください。拡散希望」などのツイートによって現場の救助活動に混乱を引き起こした。

形ばかりは「夢の情報社会」が実現したものの、まだまだ利用者のレベルがそれに追いついていないのである。

文章中に「具体的な問題事例」が書かれている課題文。こういう場合は、まず「文章中に書かれている問題事例そのもの」を解決しよう。

受験生のなかには「課題文と一部接点があれば、あとは自由に書いていい」と思い込んでいる（教えられてきた）人もいるだろうけど、それは大きな間違い。

せっかく特定の問題事例が挙げられているのに、別の例を新たに持ってきては「課題文を無視して話をすり替えた」ことになってしまう。そうなると大減点だ。

### ガッカリ答案

**「アラブの春」では、フェイスブックなどのSNSを通したよびかけによって大勢の人々が集まったことが注目を浴びた。**

**しかしスマートフォンの普及によって、子どもが毎日インターネットやゲームをやるようになり、勉強時間が減ったり視力が低下したりしている。**

**子どものインターネットやゲームは親がしっかりと管理し、時間を決めてやらせることが大切である。**

「スマートフォンの普及」や「アラブの春」、「夢の情報社会」はそれ自体が悪いことではないよね。問題になっていないことを問題視しようとすると、「子どもの視力が悪くなる」のように「なんとなく薄っぺらな文章」になってしまうんだよ。

そもそも「子どもの視力が悪くなる」というのは、テレビの見過ぎでも勉強のし過ぎでも起こることであって、ここで議論するほどの問題とはいえないよね。

むしろ取り上げるべき問題は「ネット上のデマ」だ。「東日本大震災のときのネット上のデマ」は実際に多くの人が迷惑を被《こうむ》ったり、他人に迷惑をかけてしまったりした問題事例だ。しかも社会のなかでまだ解決されていない問題だよね。

これに対する解決策を提案しろ、というのがこの問題の出題意図。

課題文では「こんなことが起きている」まで書いてあるので、「なぜそうなるのか、なぜ直らないのか」という原因を自分で挙げると独自の解決策が見えてくるよ。

## スッキリ答案

**本来、国民の健康や安全に関する情報は公的な機関が正式に発表するべきものであるのに、人々はネット上のうわさ話に騙《だま》されてしまう。**（話題を絞る）**ネットで出回るうわさに騙されるのは、「だれがいったのか」という出典がなく、内容だけがコピーされて転送されるからである。**（原因）**騙されないためには、出典へのリンクのないものは信じない、リンクがあれば必ずたどって確認するというひと手間が必要である。**（解決策）

解決策は単に「もっと気をつけよう」という心がけではなく、「**だれが、何を、どう変えるのか**」**という具体的行動**がいい。目に見えない心のなかを変えるのは難しいけれど、目に見えるしくみや行動を変えることは可能だからだ。

そのためには第二段落の原因分析でも「うっかりしているから」という心がけではなく、「出典が書かれていない」という**しくみの問題まで考える**必要がある。

## オキテ24 課題文のなかに問題事例があったら、それを解決しよう。

# 25 筆者が何か提案をしている課題文

問題

次の文章を読んで、あなたの意見を論じなさい。

最近の新入社員を見ていて気になるのが、彼らの「主体性」のなさである。お客様からの電話でも、自分で対応せずすぐに上司にまわす。会議では自分から発言することなどなく、欠勤するときも本人ではなく親が電話をしてくる始末である。

これも「ゆとり教育」のなせるわざなのだろうか。学校には生徒の主体性を育てるための改革が必要なのではないだろうか。たとえば時間割を自分で決める、給食の献立《こんだて》も自分たちで考えるといった荒療治《あらりょうじ》が必要だ。

ガッカリ答案

最近の若者の主体性のなさが問題となっている。私の周囲でも授業中に自分から手を

**挙げて発言する生徒は少ない。私も同世代の人間として、これを他人事として済ませるのではなく、自分自身も主体性を持ち、積極的に行動できるようになりたい。**

あれれ？「時間割や献立を生徒に考えさせよう」という筆者の「提案」はどうなった？　せっかくの提案を無視して自分のいいたいことだけを語るのは、相手に対して失礼だよね。

提案されたら、まずはそれに対して「賛成」か「反対」かリアクションするのが大人のマナーだ。

「賛成／反対」を述べるときの段落構成は次のとおり。いままでの段落構成にひと工夫している。

**第一段落**　**自分の立場とその理由**
**第二段落**　**自分の立場の問題点**
**第三段落**　**解決策**

この場合、書きやすいのは「反対」の立場。なぜなら反対するほうが「問題点」を指摘しやすいからだ。

ただし、筆者の提案に反対したからには「文句をつけて終わり」ではダメ。必ず「**自**

**分なりの代案**」を示す必要がある。これも筆者の提案に答えるときの大人のマナーというもの。

**スッキリ答案**

**「反対の場合」**

**私は筆者の主張に反対だ。いまから学校の制度を変えても、すでに卒業した新入社員を変えることはできないからである。**(自分の立場とその理由)**ただしすでに社会人になった人も、どこかで主体性を身につけなければ、社会のなかで生きていくことはできない。**(自分の立場の問題点)

**むしろ会社が新入社員研修を工夫し、ゆとり世代の新人でも主体的社会人に変わることができるように教育すべきである。**(自分なりの代案)

ちょっと難しくなるのが、賛成する場合。「全面的に大賛成」といってしまうと、それ以上自分の意見をつけ加える余地がなくなってしまうんだよね。「小論文＝問題点＋解決策」なので、やっぱり何か「問題点」を探す必要がある。

賛成するときには、筆者の「**正論**」**が当てはまらない例外的なケース**を考えよう。世のなかに一〇〇パーセント完璧な正論など存在しない。探せば必ず「筆者が見落としている状況」や「その正論だけでは救えない人」が見つかるはずだ。

もちろんその場合も、自分なりの代案を示すことを忘れずに。

## スッキリ答案

「賛成の場合」

私は筆者の主張に賛成だ。学校は学力だけではなく、社会人として生きていく力をつける場所でもあるからだ。（自分の立場とその理由）

ただし、まだ分別《ふんべつ》のつかない小中学生には、決められたルールに従うことを教えることも必要である。（自分の立場の問題点）

したがって、生徒の主体性にまかせてカリキュラムを決めさせるのは、高校生から実施するべきである。（自分なりの代案）

## オキテ 25 筆者の提案があったら「賛成／反対」と自分なりの代案を。

# 26 意見が対立している課題文

**問題**

次の文章を読んで、あなたの意見を述べなさい。

消費税率を二五パーセントに引き上げる法案をめぐって、国会が揺れている。社会保障制度を維持するために財源が必要だという引き上げ賛成派に対し、反対派は消費税率引き上げは公約違反であり、景気を悪化させるため国民の理解を得られないと主張する。大きな政府か小さな政府かという議論は昔からくり返されてきたものであるし、これはたとえ政権交代が起こったとしても同じことである。いずれだれかが決着をつけなくてはならないであろう。

長引く不況と国家財政の危機を前に、日本の政治は難しい舵取《かじと》りを迫られている。

消費税率引き上げについての「賛成意見」と「反対意見」が並べられている課題文。

こういうケースでは「片方が正しくて片方が間違っている」ということは滅多にない。

二つの意見に割れているときというのは、**どちらの立場にも一理ある**ものだ。裏を返せば、どちらの立場をとっても何か問題が残る。

だから筆者の提案が一つだけ書かれている課題文のときとは違って、どちらか一方に「賛成／反対」すると次のように偏った意見になってしまうんだよ。

## ガッカリ答案

**私は消費税の引き上げには断固反対する。ただでさえ景気が悪いのに消費税によって庶民の家計を圧迫しては、だれのための政治なのか理解不能だ。百害《ひゃくがい》あって一利《いちり》なしの消費税率引き上げは、絶対に許してはならない。それが私の信念である。**

消費税率引き上げに全面反対するばかりで、引き上げ賛成派が指摘する「社会保障制度の維持」という大問題には全く触れていないよね。これでは庶民の生活を守るために年金制度が破綻《はたん》してしまう。

二つの意見が対立しているときは、双方のいい分を公平にジャッジして折り合いをつけるのが大人の解決策だ。段落構成は次のとおり。

第一段落　メリット＝賛成意見
第二段落　デメリット＝反対意見
第三段落　折り合いのつく解決策

「折り合いをつける」といっても「妥協」とはちょっと違う。

たとえば、「いまは消費税率を上げない。数年後に上げる」とタイミングをずらす方法もあるし、「高級品だけ上げる、食料品は上げない」と条件をつける方法もある。

こういう発想ができるようになるためには、**「だれのため？」を細かくリアルに考える**のがコツ。意見が対立するのは人々の立場や利害関係が異なるからで、それぞれのリアルな事情を知らないと「そもそもなぜ対立しているのか」がわからない。

だからここで、「五パーセントと二五パーセントのあいだをとって一五パーセント」なんて大ざっぱな妥協案を出しても、なんの解決にもならないんだよ。

**スッキリ答案**

**年金や生活保護などの社会保障は弱者を救う制度である。国民が互いに助け合うという意味でも、だれもが負担する消費税が財源としてふさわしい。（賛成意見）しかし現在は長引く不況と失業率の増加で消費自体が落ち込んでいる。そのため消費税率を上げても税収への効果は薄く、家計を圧迫するだけである。（反対意見）したがって、数年間は新たな産業への投資を増やして景気を回復させ、消費が盛んになってから消費税率を引き上げるほうがいい。（折り合いのつく解決策）**

「原子力発電所を再稼働《かどう》すべきかどうか」という社会問題から「電子出版のメリット・デメリット」というテクノロジーの問題まで、この段落構成で書ける出題は意外と多い。課題文を見て、「意見が対立しているな」とパッとひらめくようになるといいね。

**オキテ26 対立する二つの立場を公平にジャッジして、折り合いをつける。**

# 27 正しい日本語を書こう

大学入試の小論文を書くときに絶対ミスってはいけないのが、「です・ます」調ではなく「である」調で書くというルール。「である」調の文章のなかに「です・ます」が混ざっているのがいちばん、「頭悪そう」という印象を与えてしまう。

「見てる（見ている）」や「違くて（異なって）」など、ふだん使っている「カジュアル言葉」もうっかり書かないように。当然「……じゃん」「……っすか？」なんて論外。

ふだんの会話やメールまで正しい日本語を守れとはいわない。でも**小論文という場面ではフォーマルな言葉が求められる**んだよ。

大事なのは場面に応じた使い分け。ちなみに本書は高校生向けの参考書なので、読みやすいようにカジュアル言葉で書いているけれど、「スッキリ答案」はビシッとフォーマル言葉で統一している。

カジュアル言葉とフォーマル言葉の使い分けは次のページの**表**を参考にしてほしい。答案を書いていて迷ったら、このページを開いて確認するといい。

## カジュアル言葉とフォーマル言葉

| | カジュアル言葉 | フォーマル言葉 |
|---|---|---|
| い抜き言葉 | してる | している |
| ら抜き言葉 | 見れる | 見られる、見ることができる |
| 人称 | 僕、俺、あたし | 私（わたくし） |
| | あの人たち | 彼ら |
| 音便 | ……じゃない | ……ではない |
| | しょうがない | しかたがない |
| | ってゆうこと | ということ |
| 活用間違い | 違くて | ……とは違い、……とは異なり |
| 強調語 | すごく、超…… | とても、非常に |
| | 普通に美味しい | とても美味しい |
| | やばい | とてもよい／危険である |
| 接続語 | だから、なので（文頭） | そこで、したがって |
| | ……から（理由を表す） | ……のため |
| | ていうか、つーか（文頭） | むしろ、それよりは |
| | ……っていうか、……っつーか | ……というよりは |
| | ……とか（単独であいまいにする用法） | ……など（「……とか……とか」の並列は可） |
| | ……けど | ……だが |
| 体言止め | ……という話。 | ……という話であった。 |
| 文末 | ……だよね?、……じゃね? | ……ではないだろうか。 |

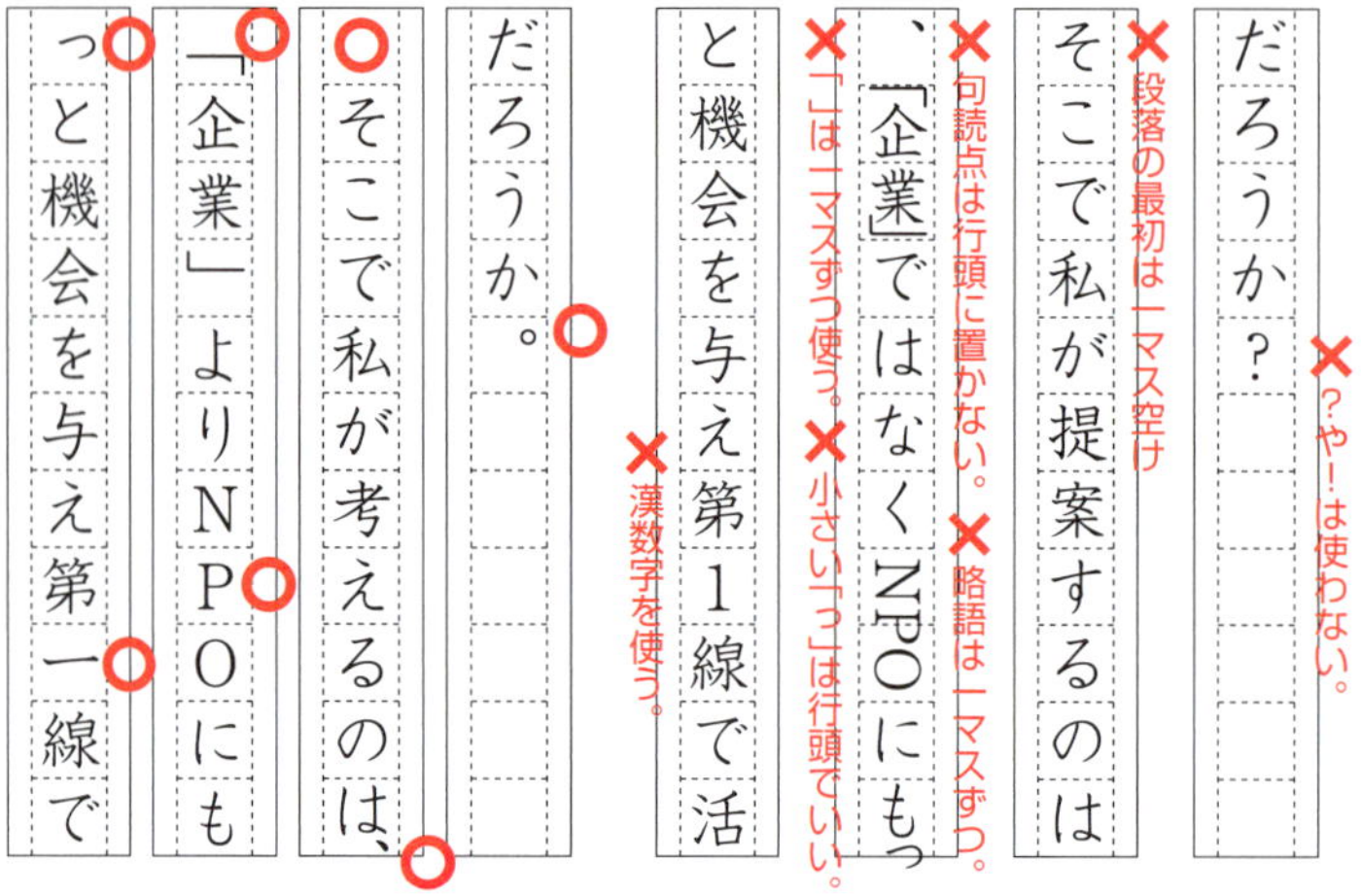
だろうか？
?や!は使わない。
そこで私が提案するのは
段落の最初は一マス空け
、「企業」ではなくNPOにもっ
句読点は行頭に置かない。
略語は一マスずつ。
「」は一マスずつ使う。
小さい「っ」は行頭でいい。
と機会を与え第1線で活
漢数字を使う。
だろうか。
そこで私が考えるのは、
「企業」よりNPOにも
っと機会を与え第一線で

原稿用紙の使い方

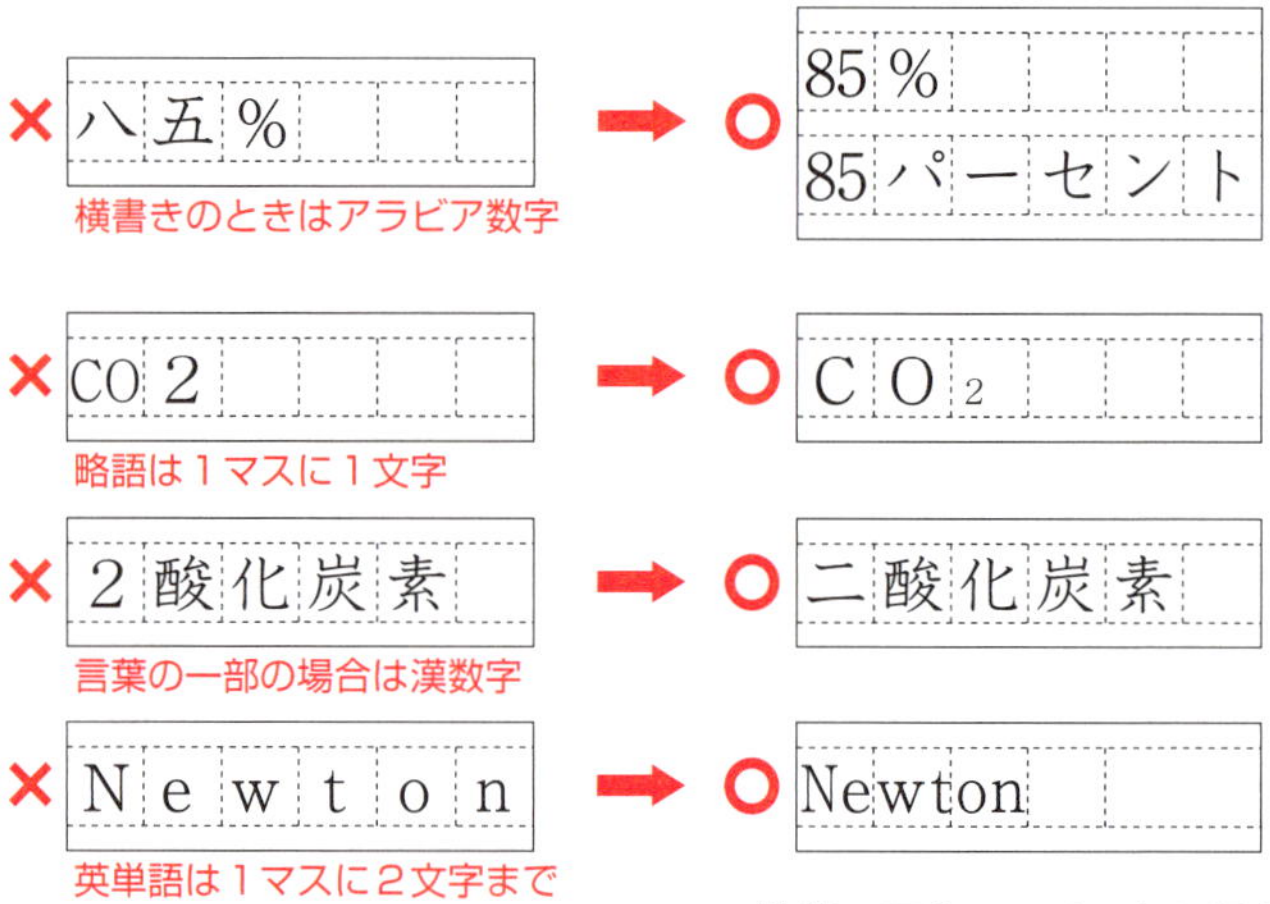
八五%
横書きのときはアラビア数字
85%
85パーセント
CO2
略語は1マスに1文字
CO2
2酸化炭素
言葉の一部の場合は漢数字
二酸化炭素
Newton
英単語は1マスに2文字まで
Newton

数字・アルファベットの場合

# オキテ27 フォーマル言葉と原稿用紙のルールを守ろう。

原稿用紙の使い方にも、いろいろ規則がある。

文章の書き出しや段落の最初は一マス空ける。メールやブログではこまめに改行したり一、二行空けたりするけれど、小論文では内容が変わって段落を分けるとき以外は改行しない。

句読点や括弧《かっこ》などの記号は一文字扱い。だから「」は合わせて二文字になる。

記号で注意したいのが、文末の処理。句読点が行頭（一マスめ）になりそうなときは、直前の行末のマスに文字といっしょに押し込む。ただし「っ」「ゃ」「ゅ」「ょ」などの小さい字は、記号ではなく文字なので行頭でも一マス使う。

数字やアルファベットは、原稿用紙が縦書きか横書きかによってルールが違うので、右のページを参考にしてほしい。

原稿用紙のルールを間違えてもカジュアル言葉ほどは減点されないけれど、本番で迷って不安になるくらいなら一度正しく覚えてしまったほうがいいね。

Column

## いい添削《てんさく》者、ダメな添削者

小論文の模擬試験や通信添削で力がつくかどうかは、「いい添削者」に当たるかどうかにかかっている。

いい添削者は次の点を押さえているものだ。

1．直すべき点とその理由がはっきり示されている。
2．よい点をほめてくれる。
3．評価がＡやＢではなく、Ｃである理由を説明してくれる。

これに対してダメな添削者はこんな感じ。

1．赤ペンの書き込みが少なく、しかも字が読みにくい。
2．「ここ意味不明」など、コメントが意味不明。
3．全面的に批判ばかりで、次にどうやったら点数が上がるのかわからない。

業者によっては厳しい採用基準をクリアしたプロの添削スタッフを揃えていて、採点基準やコメントにも細かいチェックが入れられるため、添削の質が均一に保たれる。

でもなかにはアルバイトに丸投げしてほとんどチェックもしない業者も存在する。アルバイトの採用基準もいい加減なので添削者の当たり外れが大きい。ひどい添削者になると、二か所くらい赤線引いて「ここ具体的に」だけだったりする。

万一、戻ってきた答案の添削がこのような「ダメ添削」に当てはまると思ったら、次からは業者を変えたほうがいい。学校単位で受験した場合、先生が添削の実態まで目を通していないこともあるので、きちんとクレームをつけよう。

塾や予備校で小論文の講義とテストがセットになっている講座の場合も、ダメ添削が発生することがある。それは講師と添削者のあいだで連携が取れていない場合だ。

講師と添削者のあいだで課題に対する解釈が違っていたり、採点の基準が講師から添削者に明確に伝えられていなかったりすると、添削の現場はかなり混乱する（ごくまれに、そもそも講師が模範解答を作れないというケースもある）。こうなると添削者個人の能力ではなく塾のシステムの問題だ。

これに対していい塾、いい講師は優秀な添削スタッフを雇っているもの。添削者を選ぶ目を持っているし、指導に関する意思疎通ができているので添削者も成長するんだよ。

第五章

# 面接は
# オーラで決まる

面接は「話す場」ではなく「見せる場」。
なぜなら話す内容は事前の書類にすべて書いてあるからだ。
部屋に入って面接官の前に立った時点で勝負が決まる、
合格オーラの出し方を練習しよう。

# 28 面接はオーラで決まる

面接対策というと、「難しい質問されたらどうしよう?」と心配して「想定質問集」みたいなノートを作る人がいるよね。専門用語を本やネットで調べたりして、大学生顔負けの台本を用意したりする。

でも、そっちに努力しても面接では勝てないんだよ。

面接は見た目が五割、話し方が四割、言葉の内容が一割。

どんなに立派な内容でも、伏し目がちでモゴモゴ話していては「自信なさそう=だれかからの受け売り」と感じさせてしまう。逆に内容が大したことなくても、胸を張ってハキハキ話しただけで「自分の意見を主張できる人」と、好印象を与えることができる。

このように外見や声などによって相手がいろんな情報を受け取ることを、心理学では「非言語コミュニケーション(ノンバーバル・コミュニケーション)」とよぶんだよ。

文字ではわからないのに外見や話し方からわかる情報はたくさんある。歩き方や座り方からはその人のふだんの生活習慣がわかるし、目の動きや声からは心理状態がわかってしまう。

オキテ28

# 見た目が五割、話し方が四割、言葉の内容はたった一割。

正確にいうと、「わかる」というより面接官が「**無意識に思い込んでしまう**」。だから影響力が大きいんだよ。

俗に「オーラがある」といわれる人は、見た目と話し方のコントロールがしっかりできている人だ。生まれ持った素質や神秘の世界の話ではない。

そう考えたら、「想定質問集」なんか作っている場合ではないよね。服装、髪型、姿勢、動作、表情、声の大きさ、発音、滑舌《かつぜつ》……これらのまずい点を見つけて細かく直していったほうが、実際に面接での合格率は格段に上がる。

そのために、**面接練習はビデオカメラ**（携帯電話の動画撮影機能でも十分）**で毎回撮影**することを勧めるよ。百聞《ひゃくぶん》は一見《いっけん》にしかず。先生に言葉で指摘されるよりも、自分の姿を自分で見たほうが何倍も早く上達する。

# 29 「育ちがよさそう」に見えるたった一つのコツ

面接でいちばん有効なのは、**「育ちがよさそうなオーラ」を出す**こと。もっとも実際に「高貴な家柄」に育ったかどうかは関係ない。そう「見える」ことがポイントだ。

顔や服装が普通なのに、なぜか立ち居振る舞いから「品のよさ、育ちのよさ」のオーラを感じさせる人っているよね。そして、こういう人が面接ではいちばん強い。個性や特技をアピールする人よりも強い。

じつは、いまの大学には「学力以前に、ちゃんとした学生が欲しい」という本音がある。「ちゃんとした」というのは、不祥事《ふしょうじ》を起こさない、大学の品位を汚《けが》さないという意味。

えーっ、そんな中学校みたいな話！？　と思うかもしれないけれど、これが現実なんだよ。

実際、有名大学の学生が飲み会で悪ノリし過ぎて不祥事を起こす、ツイッターで人に迷惑をかけて炎上するなんて事件が年々増えている。そのたびに学長が記者会見で頭を下げなきゃいけない。

面接官は「素行の悪そうな学生」をいちばんきらうんだよ。

「育ちのよさ」はイコール「親の躾《しつけ》のよさ」。つまり、面接官は受験生の背後に「立派なご両親の存在」を無意識に感じ取っている。それは、「うちの子は私たちが責任持ってしつけておきました」という保証書のようなものだ。

でも、いまから「お母さん、ボクを貴族に育てて！」とお願いしても遅いよね。庶民に育ってしまったわれわれは、三分の面接のあいだだけでも「育ちがよさそうに見える」技術をいまから身につけたほうが早い。

育ちがよさそうに見えるコツはたった一つ。

**二つのことを同時にしない。**

つまり、一つの動作を終えてから次の動作

に移る、ということ。
たとえば、お辞儀《じぎ》をするとき。

× 頭を下げながら「よろしくお願いしまーす」という。

○「よろしくお願いいたします。」といい終えてから、お辞儀。

不思議なことに、たったこれだけで「立派な家庭に育った風オーラ」が出る。
あるいはドアを閉めるとき。

× 面接官のほうを向きながら、後ろ手でドアを閉める。

○ 両手でドアを閉めてから、まわれ右をして面接官のほうを向く。

二つのことを同時にやる人は時間を「節約」したがる人。ところが悲しいことに庶民は「節約すべきでないところ」を節約して失敗するんだよね。

何かやりながら別のことを始めると、「何事にも気持ちが入っていない」と思われてしまう。特に人と会う場面では「相手を大事にしていない」というサインを無意識に送ってしまっているんだよ。面接でこれをやったら、イタい。

それに対し、一つの動作を終えてから次の動作に移ると「一つ一つのことを大事にする人」という印象が生まれる。目の前の面接官へのリスペクトが伝わるんだよ。

貴族は**時間と手間を節約しない**。

実際に面接の場で「いい終えてから、お辞儀」を実践すると、無言の時間が長くなるので最初のうちは落ち着かないものだ。でも沈黙で不安になることこそ余裕のない庶民の証。ここはあえて沈黙に慣れよう。そうすれば育ちのいい人の時間感覚が身につく。

## オキテ 29 二つの動作を同時にしない。

# 30 これだけは押さえておきたい入退室の手順

面接初心者がまず戸惑うのが、入室・退室の作法。ノックは二回か三回か？　どのタイミングで名乗ればいいのか？　面接官にお尻を向けるなとはいわれたけれど、帰るときは後ずさりしなきゃいけないのか？

大事なのは「間違えないこと」ではなく「**オーラを出すこと**」。

じつは、大学教授も正しい入退室のルールはよく知らない。深遠な学問の世界に比べたら、ビジネスマナーなんて小さい問題だからだ。だからマニュアル的に正しいか間違いかはまったく問題にならない。

むしろ大事なのは、自信を持って堂々と振る舞っているかどうか。

ビジネスマナーを知らないと、それだけでオドオドしてしまうんだよね。自信のなさが姿勢や表情や声に表れてしまう。その結果、「オーラ」がなくなってしまう。

間違えることよりも、オーラが消えることのほうがマイナスだ。

入退室の手順を頭に入れていれば、それだけで自信になる。仮に間違えたとしても、堂々と間違えれば面接官はまったく気づかないものだ。

**オーラはルールに勝る。**

では、最低限覚えておきたい入退室の手順を覚えよう。

〈入室時〉

**1** ドアをノックし、ちょっと開けて「失礼します」といってから、大きく開けて入る。

**2** 両手でドアを閉めて、イスの横まで歩いて行く。

**3** イスの横に立ったら、「よろしくお願いいたします！」といってから、お辞儀《じぎ》。

**4** 「どうぞ」といわれたら「ハイッ」といって座る。

〈面接中〉

**座り方** イスの前半分に腰かけ、背もたれに背中をつけない。

**男子** 両膝《ひざ》を少し開けて座り、両手は軽く握って膝の上。

**女子** 両膝をくっつけて座り、両手は重ねて腿《もも》の上。

〈退出時〉

**1** 「面接は以上です」といわれたら「ハイッ」といって立ち上がる。

**2** 気をつけの姿勢のままで斜め後ろに下がり、イスの横に立つ。

**3** 「ありがとうございました」と丁寧《ていねい》にいってから、お辞儀《じぎ》。

**4** 出口まで歩いたら、振り返って「失礼しました」といってから、お辞儀。

**5** ドアを開けて部屋を出て、ドアを閉める。

ドアを開けて「失礼します」、ドアを閉めて「失礼します」、着席するときも「失礼します」、立ったときも「失礼します」……と「失礼します」を連発する人がいるけど、いい過ぎると卑屈《ひくつ》に見えてしまうよね。「失礼します/失礼しました」は**入室時、退室時の二回で十分**だ。

「面接官にお尻を向けるな」といわれることもあるけれど、退出時にドアまでムーンウォークで後ずさりするわけにもいかない。ここは面接官に背を向けて歩いて行ってかまわない。

## オキテ30 型を覚えたら、間違いは気にせず堂々と。

# 31 勝負は足音で決まっている

面接会場は広い部屋のど真ん中に席があることが多い。なぜ狭い部屋や入り口のすぐ近くじゃないかわかるかな？

ドアから席までの五メートルで、「**歩き方**」**が見られているんだよ。**

たとえ面接官が手元の資料に目を落としていても、足音ははっきり聞こえている。「ズー、ズー、ズー、ズー」「スーッタ、スーッタ、スーッタ、スーッタ」というのは足を引きずるように歩く人。おそらく猫背《ねこぜ》で力の抜けたような姿勢になっているはずだ。これだけで「だらしない奴」という第一印象が決まってしまう。

できる人の足音は「カツ、カツ、カツ、カツ」。足音だけで「ピンと背筋が伸び、姿勢がいい人＝内面までしっかりしている人」という第一印象を与えられる。オフィスで働くキャリアウーマンがハイヒールを履《は》くのもこの効果があるからだ。

ほとんどの高校生は「歩く練習」なんてしたことないよね。だから歩き方が無防備過ぎる。無意識のうちに性格や生活態度という「素《す》の姿」が出てしまうんだよ。

きれいな歩き方を練習しよう。目標は「カツ、カツ、カツ、カツ」。この音は姿勢が

よくないと出ない。
ビデオに撮って姿勢をチェックしてみるといい。猫背で前かがみだったり、左右どちらかに傾いていたり、歩くときフラフラ揺れていたり。特に重いスポーツバッグを毎日肩がけしている人は骨格が右か左に偏っていることが多い。

**基本姿勢は、まっすぐ。**

まず立ち方。モデルさんのウォーキングではよく「頭のてっぺんを糸で吊るされているイメージ」と表現されるよね。それくらい「まっすぐ」を目指そう。
よく「顎《あご》を引いて」といわれるけれど、だからといって顎だけ下げると顔が下を向いて目だけ上目遣いという不自然なことになる。
顎を引くというより首の後ろのうなじを引っ

張られるイメージで。

猫背《ねこぜ》だったりお腹が出ていたり、姿勢が悪い人は腹筋に力が入っていないもの。腹を引っ込めて全身をまっすぐにしよう。

そして歩き方。

ゴリラやオランウータンを観察すると、彼らは二足歩行するとき両腕をブラブラさせるんだよね。前かがみの姿勢だからそうならざるを得ない。

猫背の人もこれに似てしまう。腕が動いていないんだよ。あるいは体ごと左右にブラブラ揺れている。

ホモ＝サピエンスの歩き方は腕と足が連動するものだ。

きれいに腕を振るコツは、腕全体を前後に振るのではなく「**肘《ひじ》を後ろに引く**」ことを意

# オキテ31 足音は「ズー、ズー」ではなく「カツ、カツ、カツ」。

識すること。こうすると腕の動きがきれいになるだけでなく、自動的に胸も張って背筋が伸びることになる。

立ち方、歩き方は一日や二日では身につかない。「本番ではちゃんとやろう」と考えていても、緊張で頭が真っ白になると忘れてしまうものだ。

だから意識しなくても身体が正しく動くようになるまで練習する必要がある。毎日二四時間、立つとき歩くときは背筋を伸ばしてカツ、カツ、カツ!

歩き方はその人の性格や心理状態、生活習慣まで表してしまう。料亭の中居《なかい》さんは靴《くつ》の磨り減り具合を見てお客さんの健康状態がわかるというし、金融業界には歩き方を見ただけで借金を抱えた人かどうかをいい当てる目利《めき》きもいるほどだ。

部屋に入って席まで歩いて行くあいだに勝負はついているといっても過言ではない。

# 32 好感度を上げる表情の練習

「第一印象は顔で決まる」というと、「オレ、ブサイクだからもう無理！」「美人だけ得するのって、不公平！」なんて絶望する人がいるかもしれないけれど、ここでいう「顔」というのはいわゆる「イケメン」とか「美人」とかの話ではなく、「表情」。

**【表情＝笑顔＋視線】**

だれしも笑顔で目を合わせてくれる人には「自分のことが好きなのかな？↓自分もこの人を好きかも」という心理が働くもの。逆に無表情で目を合わせてくれないと「自分に敵意がある？⬇自分も嫌い」と思ってしまう。

席に着いた瞬間、大学教授である面接官に「こいつを四年間育ててみたいな」「この子の夢を応援してあげたいな」と思わせるのは、**言葉よりも表情**なんだよ。

そして、**表情は持って生まれたものではなく**、**単なる技術**だ。練習すればだれでも表情だけで好感度を上げることはできる。

## 笑顔を作る顔の筋トレ

鏡に向かってニッコリ笑ってみよう。自然に笑顔になれる人となれない人がいる。これはふだんの習慣が出るねえ。

毎日パソコンでばかり人とつき合っている人は、リアルな場でゲラゲラ笑い合うことが少ないため、頬の筋肉と顎《あご》の筋肉が固まっていることが多い。これが能面《のうめん》のように無表情な顔を作ってしまっているんだよ。

まず、固くなってしまった顔の筋肉をほぐそう。口を大きく開けて「ア・イ・ウ・エ・オ」といってみる。「ア」は顎がはずれるくらいに大きく開けよう。口が大きく開かない人は顎を軽く前後左右に動かしてみると開きやすくなる（あくまでも軽く。頑張り過ぎると顎関節《がくかんせつ》を痛めるので注意）。

笑顔のポイントは口角を上げること。

口を横に広げて「イー、イー、イー、」といってみよう。三〇秒で頬の筋肉が痛くなったら、日ごろから頬の筋肉を使っていないということ。いつも無表情な顔をしている証拠だ。

口角が上がるようになってきたら、自分のスマイル力をテストしてみよう。

近所のスーパーで赤ちゃん連れのお客さんを見つけたら、赤ちゃんに向かって、スマイル！

赤ちゃんが反応して笑ってくれたら成功。泣いてしまったら、まだまだ表情が暗いということだ。ドンマイ。

## 目を泳がせない

目を伏せたり、目があちこち泳いだりするのは、面接官に「対人コミュニケーション能力に問題あり」と思わせてしまう。面接中は面接官の「顔」に目を向けよう。

このとき、面接官の「目」をジーッと凝視する必要はない。だいたい目から鼻のあたりを見ていれば問題ない。日本人は初対面の人と目を合わせ過ぎるのに慣れていないもの。その点では教授も同じ日本人なので、あまり目を合わせ過ぎると圧迫感を与えてしまう。

気をつけたいのが、質問されて答えを考えるとき（思い出すとき）、「えーっと」といいながら反射的に目が上を向いてしまうこと。まったく無意識で自分では気づかないものだけど、相手には「自信なさそう」「何かを避けている」という印象を与えてしまう。

オキテ32 顔の筋トレで無敵スマイルを作ろう。

## 33 勝負服を用意しろ

「大変です！　学校指定の校章が入ったワイシャツがないんです！　明日の面接、どうしよう？（泣）」

まあまあ落ち着いて。面接官は君たちの学校の制服まで知らないから大丈夫。大学入試の面接は高校の服装検査とは違う。

面接の服装で重要なのは「ルールを守ること」ではなく**「きちんとしている印象」を与えること**。印象さえよければ、学校指定以外のもので代用してもかまわない。

「きちんとしている印象」を与える服装のポイントはこの二つ。

**❶ジャストサイズであること**

**❷汚れていないこと**

入室したとき、最初に面接官の目に入るのは全身のシルエット。この瞬間の第一印象で損をしている高校生は案外多い。学校指定のものであっても、ダボダボのズボンや短過ぎるスカートでは「だらしない人」「ルールを守らない人」という印象を与えてしまう。

他の生徒もみんなダボダボのズボンや短いスカートを履《は》いているような学校にいると、それが当たり前なのでジャストサイズの制服がかっこ悪く見えちゃうんだよね。

でもそれは逆に社会の人たちがダボダボズボンの高校生を見て滑稽《こっけい》に思っているということでもある。サイズ感は慣れの問題だ。

ジャストサイズの服を持っていない人は一着用意しておこう。特にズボンとワイシャツは店の人に測ってもらうといい。自分で選ぶと、着やすいオーバーサイズを選びがちだ。

そして新しく買ったシャツは何度か着て慣れておくこと。ふだんネクタイをきちんと締めない人は、ジャストサイズのシャツにネクタイを締めると首が苦しくて落ち着かないものだ。

ブレザーに何かのシミがついていたりワイシャツの襟《えり》や袖口《そでぐち》が黄ばんでいたりする人もいるね。濃い色のブレザーだと、これといった汚れが見当たらないかもしれないけど、長く洗っていないものはなんとなく鮮やかさに欠けるものだ。

制服もワイシャツも、本番に備えてクリーニングに出しておこう。面接前の控え室で自分だけ服装が汚いと、それだけで負けた気分になる。

困るのは私服の高校や予備校など、制服のない学校の生徒だね。

基本的に何を着てもかまわないんだけど、かといってまわりの受験生が制服を着ているなかで一人だけTシャツやセーターでは浮いているような感じがしてオーラを出せない。特に浪人生がカジュアルな服装だと「自分だけ年上」が目に見えるようで肩身が狭く感じてしまう（実際にはだれも気にしてなんかいないけど）。

制服組に負けない私服の必須アイテムは、ジャケット。それも古着風やミリタリー風のカジュアルなものではなく、紺のブレザーのようなパリッとしたものを。これにジーンズ以外のチノパンやスラックスを合わせればＯＫ（海外の高級レストランでも、入店を許される服装の目安は「ジャケット着用」ということが多い）。

いちばん強力なのはスーツ。どうせ入学式のためにスーツを買うんだから、ちょっと早めに揃えても無駄にはならない。バリッと「格上」感を出して、まわりの高校生を威圧しようぜ。

## オキテ33 学校指定でなくても、ジャストサイズのものを。

## 34 茶髪、化粧、ピアスはどうしよう？

「うえーん、面接のために髪を黒く染めようとして、失敗しました―（泣）」

あらあら、前髪は真っ黒だけど、後頭部が緑色になっちゃってるね（笑）自分で髪を染めて失敗する人には、「美容院代をケチった人」と「面接前日に気づいて時間がなかった人」がいる。人生がかかった受験の面接なんだから、前もって美容院の予約を入れて、プロにやってもらおう。

ただし、染める必要があるのは金髪レベルの色の人。「こげ茶色」くらいであれば、地毛が茶色い日本人も少なくないのでわざわざ染めなくても大丈夫。

毎日メイクして学校に行く女子もいるけれど、現役高校生が制服で面接に臨《のぞ》むならノーメイクが基本。実際には薄化粧でも大丈夫だけど、それをいうと「どこまでが薄化粧か」でみんな迷うんだよね。「化粧禁止」の学校と「クラス全員フルメイク」の学校では「化粧の濃さ」の感覚がずいぶん違う。

いつも完全武装メイクの人は、早い時期からすっぴんに慣れておくこと。特に眉毛を剃《そ》ってしまっている人は生え揃うまでに時間がかかる。

ピアスはとりあえず外しておこう。ただし、穴はふさがなくても大丈夫。よほど視力のいい面接官でもないかぎり、ピアスの穴まで見えないから。何個も空けすぎて目立つというなら、女子の場合は髪で隠してしまえばいい。

基本的に、ヤンキーやギャル、ギャル男の雰囲気が出ていなければ細かいところまで気にする必要はない。大学入試の面接は高校の服装検査とは違う。面接官は君たちの学校の校則まで把握《はあく》していないから。

ただ、もっと基本的なところで気をつけたいことが一つ。それは**女子の前髪**。お辞儀《じぎ》をして頭を上げたとき、顔が髪に隠れて映画「リング」の貞子のようになる人がいるよね。お辞儀のあと手で髪を直したり、頭を振って貞子の前髪を払うのも行儀が悪い。髪はまとめるかピンで留めるかして、何回お辞儀しても崩れないようにしておこう。

オキテ34 早い時期から「スッピン力」を回復しておこう。

# 35 意外とできない滑舌《かつぜつ》のトレーニング

「アーガトゥッザイァシタ」

外国人の日本語教室ではないよ。日本人の面接の場面でも「ありがとうございました」と正しく発音できない人は意外に多い。自分ではいえてるつもりでも、録音してみると発音がいい加減なことに気づくんだよね。

毎年何十人もの生徒に面接指導するけれど、高校生の半数以上は発音の矯正《きょうせい》が必要だ。日本人であっても特別にトレーニングしないと正しい日本語の発音はできないということだ。

面接のために発音練習しておくべき言葉は三つ。

❶ **「よろしくお願いいたします」**

❷ **「ありがとうございました」**

❸ **自分の名前**

一見簡単そうに思えるかもしれないけれど、この三つをきれいに発音するのは意外と難しいものだ。逆にいうとこの三つの発音をクリアにするだけで、面接官の**聴覚に与え**

**る印象がガラリと変わる。**

### 1.「よろしくお願いいたします」

「よろしくお願いいたします」には「アイウエオ」の母音がすべて入っているので、口を大きくはっきり動かす必要がある。ふだんあまり話したり歌ったりしない人は顎《あご》の関節と頬の筋肉が固くなっているので、まずは顎を大きく開けて動かすトレーニングから始めよう。

さらに「お願い」と「いたします」が母音で始まるので、直前の語尾に吸収されて「よろしコ願イたします」になってしまう（語学の世界ではリエゾンという）。これを防ぐには「よろしく／お願い／いたします」と区切って発音するといい。

### 2.「ありがとうございました」

面接の終わりには「ありがとうございました」というけれど、何に対する「ありがとう」なのかわかっているかな？

「面接をしてくれてありがとう」だけじゃないんだよ。

「合格させてくださって、ありがとうございました！　これから四年間よろしくお願いします！」が正解。

だからこそ、他のどの言葉よりも丁寧《ていねい》にいう必要があるんだよ。

特に「ありがとう」の「り」と「とう」に注意。面接の緊張で早口になるとラ行の発音と長音（伸ばす音）が雑になってしまう。冒頭の「アーガトゥッザイァシタ」になってしまうわけだ。

「ありがとうございました」は心を込めて、一音一音ゆっくり発音しよう。

## 3．自分の名前

「……ライーズミです」

「は？　アライイズミさんですよね？」

自分の名前をきれいに発音できない人は意外と多い。ふだんいい慣れている言葉ほど発音が崩れてしまうんだよね。学校では知り合いばかりなので発音があいまいでもわかってもらえるけれど、初対面の面接官に対してはクリアな発音で自分の名前を覚えてもらう必要がある。

たとえば「アライイズミ」のように名字や名前が母音（アイウエオ）で始まる人は、「ライーズミ」になりがち（ここでもリエゾンが作用している）。「アライ、イズミ」の

# オキテ35 母音は区切って明確に。

ように名字と名前を区切り、頭の母音をはっきり発音しよう。

ちなみに野球のイチロー選手は本名「鈴木一朗（スズキイチロウ）」。アナウンサー以外の人がよぶと「スズキーチロウ」になってしまって、下の名前が観客の印象に残らない。発音という点から見ても、名字を取って登録名を「イチロー」にしたのは大正解だったんだよ。ちなみに大リーグにいってからは「イチロー・スズキ」なので、フルネームでも母音のリエゾン問題が解決されている。

でもイチロー選手が「改名」を許されたのはスター選手になる才能を見込まれてのこと。一般人の皆さんは、親からもらった本名をきれいに発音する練習をしよう。

## 36 志望理由書を丸暗記しない

ガッカリ面接

**私が法学部を志望するのは、将来日本の政治に携わりたいと考えているからです。いまの日本は社会保障制度の改革や停滞《ていたい》する経済からの脱却《だっきゃく》、東日本大震災の被災地復興などさまざまな問題を抱えており、それらを解決するためには政治家みずからが強いリーダーシップを発揮《はっき》しなければなりません。また、オープンキャンパスに参加したときの体験授業で……。**

うーん、長いっ。

面接では志望理由を聞かれるけれど、出願時に書いた志望理由をそのまま読み上げられると、聞くほうがつらい。

基本的に、人間の耳は長い文（センテンス）を集中して聞くのが苦手だ。目で追う書き言葉と、耳で聞く話し言葉は性質が違うんだよ。

寿限無寿限無
五劫の擦り切れ
海砂利水魚の水行末
雲来末風来末
食う寝る所に住む所
やぶら小路の
藪柑子
パイポパイポ
ペラペラ

そこで、志望理由書や活動報告書の内容を**面接用にアレンジ**する必要が出てくる。

面接では、次の二点をそれぞれ一〇秒（一〇〇字以内）でまとめよう。

❶ **志望理由**（将来就きたい職業＋そのためにこの大学で学べること）

❷ **高校時代の活動**（活動内容＋そこから学んだこと）

**スッキリ面接**

**私は将来、政治家になって日本の福祉制度を改革したいと考えています。そのために社会保障法がご専門の〇〇教授のもとで、現在の法制度やその問題点について学びたいと思います。**

志望理由は？
小児科医になるためです
なぜ小児科医？
少子化を食い止めるためです
小児科医に必要なスキルは？
言葉にできない症状を
見逃さないことです

これで一〇秒。

ここまで話したら、わざと黙って反応を見る。すると面接官は何か聞いてくるはずだ。「いまの年金制度についてどう思う？」「オープンキャンパスには来ましたか？」など。そうしたら聞かれたことに一つずつ答えよう。

志望理由書をじっくり練り上げた人なら、答えるべきことはすでに書いてあるはず。それをまた一〇秒で話せばいい。

もしも他の質問に話題が移ったなら、それは最初の答えで満足したということだ。「ウケなかったかな？」など余計な心配はしなくていい。

高校時代について聞かれたときも同じ。一〇秒でビシッと答えよう。

スッキリ面接

**私はダンス部でチームリーダーを務めていました。能力や性格がバラバラなメンバーをまとめるのに苦労しましたが、自分とは異なる人間と折り合いをつけるのが社会である、ということを学びました。**

ここまで聞いたら、面接官は「具体的にはどんな工夫をしましたか？」「その学びを何にいかせると思いますか？」などと聞きたくなるものだ。

質問されるのを恐れる人がいるけれど、それは逆。わざと簡潔《かんけつ》に答えることによって、想定内の質問を引き出しているんだよ。聞かれているようで、じつはこちらが**会話の主導権を握る**ことになる。

## オキテ36 簡潔に話して、面接官の反応を待とう。

# 37 わからないことを聞かれたら？

「ターミナルケアについてどんな考えを持っていますか？」

「？？？………（沈黙）」

質問の意味がわからないって、困るよね。特にド素人《しろうと》の高校生なら、いわれた専門用語を知らないということも珍しくはない。

こんなときいちばんまずいのが、何もいえず沈黙してしまうこと。

本人は一生懸命考えているんだけど、相手には会話を放棄したように見えてしまう。大人が若者と会話するときにいちばんイライラするのが「沈黙くん」だ。

思い出そう。大学が面接をおこなう目的は知識を試すことではなく、**コミュニケーション能力を測る**こと。だから面接官はためしに難しい用語をいってみたりする。

質問の意味がわからなければ、聞いてみよう。

「ターミナルケアというのは……、駅で急病人をケアすることでしょうか？」

「そうではなくて（苦笑）、末期がんの患者さんが、治療せずに安らかに最期を迎えるためのケアのことなんだけど」

当てずっぽうでもいい。的外れになってもいい。沈黙しないで何か話せば、助け船を出してもらえる。こうして面接官との「**会話**」**がスタートする**んだよ。

このとき気をつけたいのが「どういう意味ですか？」「質問の意味がわかりません」というい方をしないこと。自分では考える努力をしないで、面接官にだけ説明の負担を強いることになってしまう。

これに対して「それは○○ということでしょうか？」と自分の解釈をいえば、「何がわかっていないか」がわかるので面接官も説明しやすい。相手に手間を取らせるのは知識不足の自分なんだから、少なくとも自分なりに考えた努力の跡を見せよう。

テレビの某《ぼう》クイズ番組でいわゆる「おバカタレント」が注目されたけれど、彼らもただの「おバカ」だったわけじゃない。沈黙せず、知らないなりに必死に考えてとんちんかんな回答をするから面白かったし、みんなから愛されたんだよ。

## オキテ37 「わかりません」ではなく「○○という意味ですか？」と聞こう。

## 38 集団面接ではあえて自己主張しない

受験生が三～五人くらい並んで、面接官の質問に順番に答えていく集団面接。「前の人がすごいこと答えたらどうしよう?」とか「自分だけ間違ったら恥ずかしい」とか、個人面接とは違う不安があるよね。

ここで「前の人とかぶらないように、三通りくらい答えを用意しておこう」なんて考える人もいるだろうけど、それは効率が悪すぎる。志望理由と高校時代の活動以外は「どうでもいい質問」なので、その準備をするくらいなら他にやることがある。

集団面接では「**自分の答え**」**で勝負しない**。

その代わり、黙っているときの「姿」を見せる。

五人の集団面接なら、自分が話す時間は五分の一しかないよね。五分の四は他の人の答えを聞いている時間だ。そしてそのあいだも面接官にはしっかり見られている!

まず、姿勢と表情。

自分が答える番じゃないからといって背もたれに寄りかかってはダメ。イスの前半分に腰かけ、背筋を伸ばそう。

そして口元を横に引いて口角を上げる。笑わなくても明るい表情になる。

たったこれだけで、面接官は無意識のうちに君のほうを見てしまう。背もたれに寄りかかって足を投げ出している人、猫背《ねこぜ》でオドオドしている人、表情が暗い人、そんななかで一人だけ「シャキッ、ニコッ」としていたら光って見えるよね。

次に、リアクション。

他の人の答えを聞きながら小さくうなずくだけでいい。これだけで「他人の話を聞ける人」というアピールになる。だれかが面白いことを答えたら控えめに笑おう（ただし、大爆笑したり「なんでやねん！」とツッコミを入れたりする必要はない）。

他の人たちが自分のことで頭がいっぱいになっているときに、一人だけ余裕の笑顔で他の人のコメントに反応している。これは「コミュニケーション能力が非常に高い」と評価される。

## オキテ38 他の人の答えを聞く姿を見せる。

# 39 欠席日数が多いんですけど？

推薦《すいせん》入試でいちばん厄介なのが「欠席日数が多い」ケース。志望理由や小論文なら一か月で鍛《きた》えることができるけれど、欠席日数ばかりは「過去の事実」なのでいまさら変えようがない。

過去の受験生のデータを見ても、欠席が多い生徒の合格率が低いのは事実だ。

大学側は欠席が多いというだけで「勉強する意欲がない、対人関係に問題がある、物事に関心が薄い、ルールを守る意識が低い」というマイナスのイメージを持ってしまうんだよ。

面接では、これらのイメージをプラスに変えなければならない。

意欲や関心は志望理由書で補おう。対人関係は面接官の顔を見て「ハイッ」と返事すればなんとかなる。ルールを守る意識は服装でビシッと表現しよう。面接の場で「できるオーラ」を出すことができれば、面接官は「過去にはいろいろあったようだけど、いまは立派になったんだな」と思ってくれる。

いつも真っ先に欠席日数について質問されてしまう人は、面接会場に入った時点で

## オキテ39 欠席も「無駄ではなかった」といい張ろう。

「消極的なマイナスオーラ」を出してしまっている人だ。

それでも万一、面接で欠席日数について質問されたらどうするか？

多くの人は病気やけがなど、「欠席の理由」を答えようとするよね。

でも、病気だったからといって許してもらえるわけじゃない。それだけでは「大学に入ってからも体が弱くて学業に支障《ししょう》が出そう」と見なされてしまう。理由だけでなく、「**学校に行くよりも価値のあることをしていた**」といえる何かが欲しいね。

たとえば「闘病生活のなかで現在の医療《いりょう》についてこういうことを考えた」とか、「いじめに遭《あ》って不登校になっているあいだに心理学の本を読みあさった」とか、「独学で勉強して資格を取った」であれば、休んでいたことが無駄ではなかったことになる。

ずる休みだった人は、「病気でした」なんてウソをつくとバレるリスクを背負うので、欠席の理由については触れないで、「欠活＝欠席中の活動」をサラッと答えよう。

# 40 意地悪な質問をする面接官の本音

「君にはうちよりも他の学部のほうが合っているんじゃないかね?」

「え、えーっと……すいません(泣)」

面接官がわざと超ネガティブな質問をぶつけてくることがある。就職活動の世界では「圧迫面接」として恐れられている状況だ。「打たれ強さを試すためにわざとやっている」という企業もあるけれど、就活生のなかには人格を全否定されたように感じて精神的にダメージを受けてしまう人も少なくない。

ただし、それは就職活動の場合であって、大学入試の面接は違う。

少なくとも大学入試の面接官が、受験生をいじめるために言葉の暴力を振るうことはない。彼らは**大学教授であり**、**教育者であるから**だ。企業の人事担当者とはその点が違う。

推薦《すいせん》入試の面接でネガティブなことをいわれるときは二通りの理由が考えられる。

## 1. 志望理由が浅い、ウソっぽいなど「本気度」がまったく見られない場合

面接をするまでもなく、書類の段階で「見込みなし」と判断されているケースだ。

第二章「志望理由書は情報戦」にいくつも登場した「ガッカリ答案」のようなものを書いて出すと、「本気度が感じられない＝冷やかしに受けにきただけだろう」と見なされる。

もちろん「ふざけた志望理由」を読まされて面接官が本当に怒っている場合もあるかもしれないけれど、むしろ実際は「うちは不合格だけど、次の大学を受けるときはちゃんと志望理由を考えるんだよ」という教育的指導であることが多い。だからわざと厳しいことをいうわけだ。

この場合、提出した志望理由書よりも立派な志望理由をその場で述べるアドリブ力があれば、逆転することも不可能ではない。そし

て「志望理由書を出した時点では甘かったと自分でも思います。でもそのあとしっかり考えました」といえばいい。

アドリブが利《き》かなかったら、それは諦めて「次の受験のためのアドバイスをいただきました。ありがとうございます」と心のなかでお礼をいおう。

## 2．面接官が志望理由書や活動報告書の内容に非常に興味を持った場合

前述の「見込みなし」とは逆に、実際には面接官が興味を持っていろいろ「質問している」だけなのに、受験生が「全否定された」と勝手に感じてしまうケース。

たとえば「君にそんな研究できるの？」という質問の場合、面接官の本音は『できま

す！』といってほしい」だったりする。ところがいわれたほうは、「君にはそんな研究無理でしょ」という否定の意味に解釈してしまうことがある。

疑問形には文字どおりの「質問」と否定の意を含む「反語」の二通りの使い方がある。相手が「質問」しているだけなのに、「否定された」と勝手に思い込んで大騒ぎするのはコミュニケーション不全だよね。

「私なんか邪魔《じゃま》にされてるんだ」、「質問攻めであら捜しをしているんだ」なんて下手な勘ぐりはやめて、**疑問形はとりあえず「好意的な質問」と受け取って答えよう。**

## オキテ 40

## 面接官の質問に「悪意」はない。邪推《じゃすい》せず素直に答えよう。

# 41 「わー」から答えない

「部活は何をしていましたか?」

「わー、卓球部でした」

「得意科目はなんですか?」

「わー、物理です」

わー?

最近の高校生に増えている、質問に対して「わー」から始める答え方。

「(部活)は、卓球部でした」「(得意科目)は、物理です」と、相手の言葉を受けたうえでの返答なんだけど、その相手のキーワード(主語)を省略するので、相手には「わー」という意味不明のうめき声に聞こえてしまうんだよ。

これが癖になっている人は、質問されたらまず「ハイッ」と答えてみるといい。「ハイッ」で会話がいったん区切られるので、「(部活)わー」が出なくなる。効果てきめんなのでやってみよう。

高校生に多い口癖にはこんなのもあるね。

## オキテ41 何かいわれたら、とりあえず「ハイッ」と返事する。

「あなた自身の長所と短所を説明してください」

「そうですね……えー……あー」

この「そうですね」や「えー」も、相手にとっては非常に聞き苦しいうめき声だ。

本人は一生懸命答えを考えているんだけど、沈黙していると何も考えていないと思われそうで、つい沈黙を埋めたくなってしまうんだよね。

この場合も、質問されたらとりあえず「ハイッ」といってみる。そうすれば、そのあと少々沈黙しても「いま考えているんだな」とわかってもらえる。


相手に何かいわれたら、反射的に「ハイッ」。**大事なのは「ハイ」のあとの「ッ」**。歯切れのいい「ハイッ」だけで、「ハキハキした人、コミュニケーション能力のある人、頭の回転の速い人」と思わせることができる。

# 42 緊張をほぐす呼吸法

「手のひらに『人』って三回書いて飲み込むといいって聞いたからやってみたんですけど、……緊張し過ぎて『入』って書いちゃいました（泣）」

おまじないもいいけど、ここではもう少し現実的な話をしようか。

カラオケで極度《きょくど》に緊張してしまう人は、いつもなら歌える歌なのに息が続かなくなってしまうもの。

人間は緊張すると息を「吐く」ことを忘れてしまう。意外とアホな生き物だ。

呼吸が速くなって、落ち着いて息を吐き切る前に次の息を吸ってしまうので肺がパンパンになっている。気持ちだけじゃなく身体にも余裕がなくなっているんだよ。

こういうときは、**まず呼吸を整えよう**。

身体を楽にして、ゆっくり息を吐く。肺の空気が全部なくなるまで吐き切る。

そこで力を抜くと、適量の空気が肺に入る。無理に吸おうとしなくてもいい。

もう一度ゆっくり息を吐く。力を抜くと、肺に空気が入る。

これを五回くり返すと、全身の力が抜け、テンポがゆったりしてくるはずだ。

## オキテ42 息を吐くのを忘れていましたが、何か？

もう一つ、緊張をほぐす方法がある。

緊張しやすい人は「知らないこと聞かれたらどうしよう？」とか、「厳しいことといわれたらどうしよう？」とか、まだ起こってもいないことをあれこれ妄想《もうそう》する癖があるもの。その豊かすぎるイマジネーションは別のところで発揮《はっき》するべきだ。

とはいっても妄想癖《もうそうへき》のある人に「妄想するな」といっても止められないので、ここは言葉で対処しよう。

「知らないことだらけですが、何か？」

「緊張してますけど、何か？」

「たぶん成績は自分がビリですけど、何か？」

深呼吸しながら、心のなかでこうつぶやいてみよう。**いまの自分の状態を受け入れて、開き直る**。いつのまにか無駄な妄想は忘れているはずだ。

## 面接チェックリスト

□ 服はジャストサイズだ。

□ 靴《くつ》はピカピカだ。

□ **ズボンのチャックは閉まっている。**

□ シャツの襟《えり》や袖《そで》が汚れていない。

□ 肩にフケがたまっていない。

□ お辞儀《じぎ》をしても崩れない髪型だ。

□ ニンニクやネギなど、ニオイの強いものを食べていない。

□ **ニッコリ笑顔である。**

□ 今日の自分はイケてる。

□ **志望理由を十秒でいえる。**

□ 高校時代の活動を十秒でいえる。

□ **「よろしく／お願い／いたします」**とハッキリいえる。

□ 「ありがとうございました」とハッキリいえる。

□ 自分の出身校と名前を間違えずにいえる。

□ いまの私は輝いている。

□ **猫背《ねこぜ》になっていない。**

□ トイレは済ませた。

□ 落ちたときのことは落ちてから考える。

□ **志望理由書は完璧なものを出した。**

□ 小論文では自分のベストを尽くした。

□ 自分は面接官に歓迎されている。

□ **いままでの失敗も回り道も、すべてプラスの経験だ。**

□ 知らないことを聞かれても動じない。

□ いま、自分からオーラが出ている。

第六章

# プレゼン、集団討論、講義レポートの必勝法

日本人の苦手なプレゼンテーションと集団討論。
でも国際派のキャンパスライフを目指すなら
引っ込み思案なんていっていられない。
スティーブ・ジョブズばりのカリスマオーラを放つための、
ちょっとしたコツを身につけよう。
It's show time!

# 43 試験は小論文だけじゃない

## 「小論文」なのに、中身は英語や理科の問題?

たとえば「生物の実験に関する英語の論文を読む」など、科目の枠組みを超えた問題が「小論文」や「総合問題」の名称を借りて出題されることがある。実質的に一般入試の学科試験にかなり近い。

## 実技試験

スポーツ系や芸術系、教育系の学部では、小論文や学科試験のほかに実技試験があるところも多い。かなりの強敵が集まるので、相応の準備が必要だ。受験勉強ばかりやって腕が鈍らないように、バランスよく準備しておこう。

## 講義を聴いて、与えられた課題についてレポートを書く

三〇分～一時間程度の講義を聴いて、それについて設問に答えたり自分の意見を書いたりするテスト。小論文試験の「課題文」が生の講義になったと考えればいい。

この試験では大学入学後に必要な、情報をインプットする能力が問われている。

■ **プレゼンテーション、集団討論（ディスカッション、ディベート）**

この二つでは人前で意見を述べるアウトプット能力が問われる。インプットばかりだった高校の勉強が得意だからといってプレゼンや集団討論も得意とはかぎらない。そのため、ちょっとしたコツさえ知っていれば大逆転も可能なのが面白いところ。

毎年高校生に推薦《すいせん》対策の指導をしていると、論理パズル的な総合問題に目覚めてしまう生徒や、プレゼンさせたら吉本芸人よりも面白い生徒が現れる。筆記試験だけではわからない生徒の潜在《せんざい》能力って、あるんだね。

「やったことないから」とビビらず、思い切って挑戦してみよう。

オキテ 43

## 自分の眠れる才能を開花させよう。

# 44 プレゼンの評価を決めるのはこの二点

「人前で話すの、苦手なんです。どうやったら上手に話せますか?」

「慶應《けいおう》大学を受けるんだから、よっぽどく わしく作り込まないとダメですよね?」

「パパパパパワーポイントなんか使っちゃう感じですか????」

日本人の大半はプレゼンテーションというものをやったことも教わったこともないので、「プレゼン」といわれるだけで舞い上がってしまうよね。

でも、「プレゼンテーションとは何か」という敵の正体を知らないまま闇雲《やみくも》に戦ったところで勝ち目はない。まずはプレゼンテーションの評価基準を理解しよう。

## 【プレゼン=内容×話し方】

「内容」と「話し方」がかけ算になっていることに注意しよう。**足し算じゃなくてかけ算**。つまり「一〇+一〇=二〇」ではなく「一〇×一〇=一〇〇」。だから内容だけ頑張っても、話し方がゼロだと「二〇×〇＝〇」。**内容と話し方、両方バランスよく準備することが大事**なんだよ。

ところが、話し方が下手な人にかぎって「もっと資料を増やそう」と徹夜《てつや》でコンテンツにこだわったり、内容が薄い人にかぎって「ここでもう一発ジョークを入れようか」と話術を磨いてしまうんだよね。残念！

推薦《すいせん》受験者が間違った方向に努力してしまう理由の一つに、「他の受験者はすごいに違いない」という思い込みがある。ライバルがどう攻めてくるかわからないから、不安で浮き足立ってしまうんだよね。

でも安心していい。ほとんどの高校生はド素人《しろうと》。彼らこそ君を「すごいライバル」だと思い込んで（笑）、内容か話し方かに偏った残念な努力をしているんだよ。

次のページから、僕が予備校講師という立場からビジネスマンや学校の先生にも教えている、プレゼンのノウハウを惜しむことなく伝授しよう。

## オキテ 44 「プレゼン＝内容×話し方」で圧勝できる。

# 45 ゆっくり話して大きく見せる

プレゼンでは「すごいことを話す」よりも「わかるように話す」ことのほうが大事。目で文章を読むときとは違って、聞き逃したら戻ることができないからね。

聞き手に確実に理解してもらうには「**ゆっくり話して大きく見せる**」のがコツだ。

## ■ゆっくり話す

人は緊張すると早口になってしまうもの。でも早口だと言葉も聞き取りにくいし、聞き手に考える余裕を与えない。

話すときはゆっくりと。これだけで二倍わかりやすくなる。ところで、ここでいう「ゆっくり」には二つの意味がある。

**【ゆっくり話す＝一文をゆっくり発音する×文と文のあいだに間《ま》を取る】**

素人《しろうと》は「文と文のあいだの間」を忘れがちだ。あらかじめ決めていたセリフを矢継《やつ》ぎ

早《ばや》にポンポン続けていってしまう。その結果、聞き手はじっくり考えたり納得したりする時間を奪われてしまうんだよ。これではプレゼンが終わってから「いまの話、なんだっけ？」ということになってしまう。

一文を話したら、黙って相手の反応を見よう。

聞き手は人の話を聞きながらうなずいたり笑ったりしたいもの。黙って聞き手の顔を見ることで、反応を引き出そう。聞き手のリアクションが確認できれば、話し手はもっとリラックスして話せるようになる。

ゆっくり発音することで正しく聞き取らせ、間《ま》を空けることによって理解する時間を与える。特に大事なことをいうときほどこの二点を忘れずに。

## 大きく見せる

緊張すると姿勢が小さく丸くなってしまうもの。それでは「自信なさそう＝内容も大したことなさそう」と思われてしまう。

それに身振り手振りも小さくなってしまっては、何を示したいのか伝わらない。イメージだけでなく、内容まで理解されないというのは大問題だ。

自信のない人こそ、せめて見た目だけでも大きく立派に見せよう。

**【大きく見せる＝堂々とした基本姿勢×大きなジェスチャー】**

まず基本姿勢。背筋を伸ばし肩を開いて胸を張る。顔は手元ではなく前に向ける（ということは、台本を読まないということでもある)。

そして両手を相手に向かって九〇度開く。高さは肩くらい。欧米人がよくやる「ウエルカム!」のポーズだね。これだけで立ち姿が大きく見える。

話のなかで「皆さん」というときは手を前に差し出す。「私」というときには自分の胸を指す。「高い、上がる、増える」などの言葉では手を上に向け、「低い、下がる、減る」などでは下に向ける。つまり言葉と手の動きをリンクさせるわけだ。

ここまでできれば、**見た目だけで「存在感と説得力のある人」という印象を与える。**

いわゆる「オーラがある」というのは、生まれ持った不思議な能力ではなく、**見せ方の技術を身につけている**ことなんだよ。

オキテ 45
## 存在感は話すテンポと姿勢で決まる。

# 46 スライド、ホワイトボード、小道具の使い方

プレゼンテーション試験では、小道具の使用が認められている場合とそうでない場合があるので、募集要項をよく読んで確認しておこう。

ただし、小道具は使えばいいってものでもない。「プレゼンといえばパワーポイント（スライドを映すためのパソコンソフト）」と思い込んでいる人はビジネスマンにも多いけど、パソコンが珍しかった時代と違っていまどき「パワポだからほめられる」ということはない。

プレゼンの基本は「**しゃべりで勝負**」。

そのうえで、どうしても口頭では伝えにくいという場合のみ、必要最低限の小道具を効果的に使おう。

スライドやホワイトボードなどの小道具を使う場合に気をつけるのは次の二点。

**❶ 大きく、シンプルに**

**❷ 機械のトラブルに備えておく**

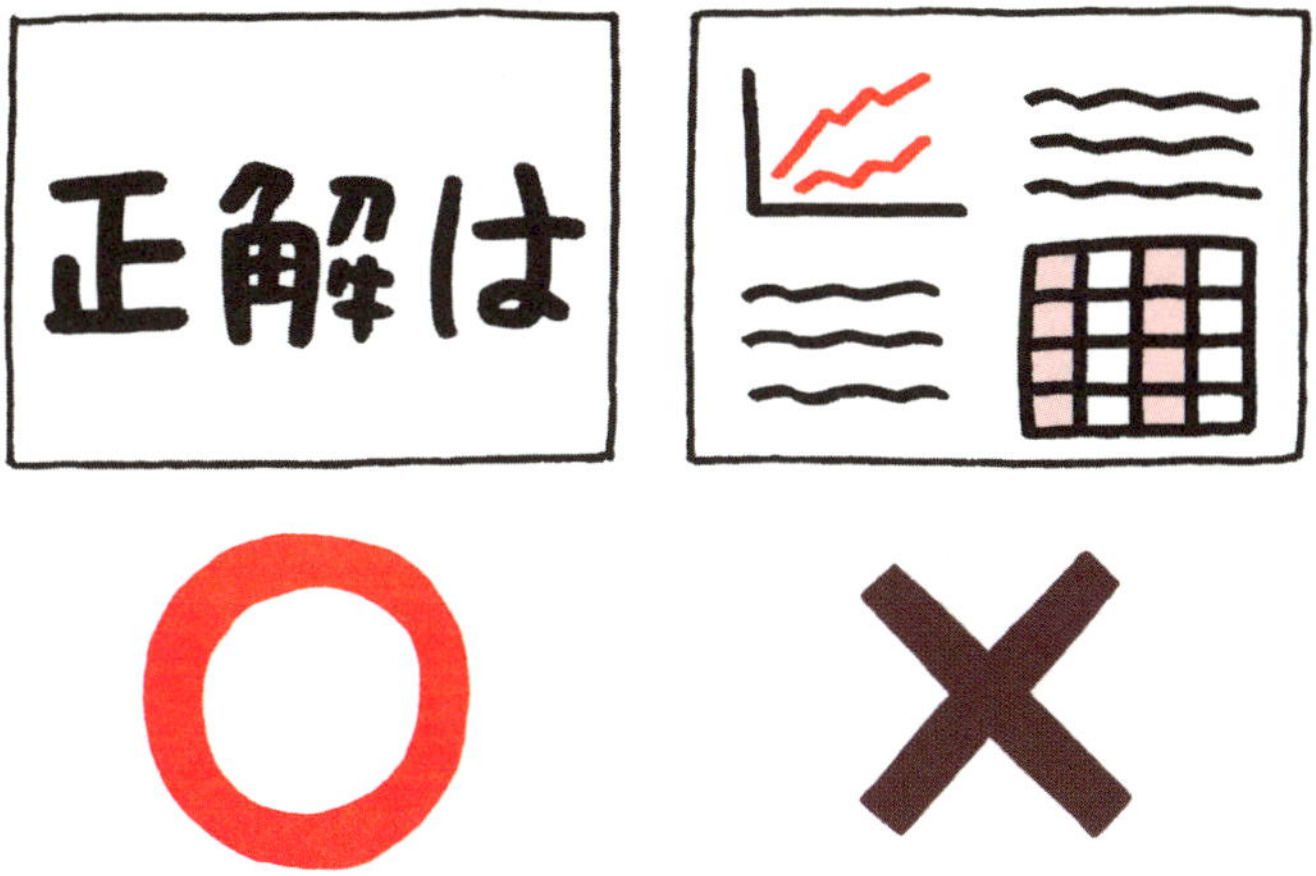


## 1．大きく、シンプルに

やってしまいがちなのが、一枚のスライドにあれこれ詰め込み過ぎること。小さい字でたくさん書かれると、その時点でスライドを見る気も、話を聞く気もなくなってしまう。間違っても原稿の文章をそのまま載せたりしないように。

図でもグラフでも表でも数字でも、スライド一枚につき一点だけドーンと大きく載せる。資料が多いならスライドを何枚も切り替えればいいだけの話だ。

ときどきＡ４サイズの小さなスケッチブックを使う人がいるけれど、二メートル離れたら小さすぎて見えないと思ったほうがいい。少なくともＡ２は必要。自宅の部屋で資料を作っているときとプレゼンの会場ではサイズ

感がまったく違うものだ。

スケッチブックを使うときは、手で持つのか、立てかける場所があるかどうかまで確認しておこう。ちょうどいい高さでペラペラめくるには、やはり練習が必要だ。

ホワイトボードを使う場合も、字は「大き過ぎる」と感じるくらいでちょうどいい。それからマーカー（ペン）にも気を配ろう。たまに細くてインクの薄いマーカーしか置いていない会場もある。万一のために極太芯《ごくぶとしん》の新品を持参するのもいいね。

## 2．機械のトラブルに備えておく

機械にはトラブルがつきもの。初心者が慣れないパワーポイントを使うと、不思議なほどの高確率で、「パソコンが動かない」「データが消えた」などのトラブルが発生するんだよね。特に入試の本番ではリハーサルできないし、パソコンも自分のものではなく大学のものを使うことになる。いつもとは勝手が違うので、どこでトラブルが起こってもおかしくない。

本番でマシントラブルが発生すると、まず精神的に動揺して頭が真っ白になる。しかもプレゼンには制限時間があるので、モタモタ直そうとしているあいだに時間切れという、非常にどんくさい結果になってしまう。

こんなときのために「バックアップ」を用意しておこう。まったく同じデータをUSBメモリでもう一つ用意しておいたり、映す予定のスライドを紙にも印刷しておいてその場で配れるようにしておけば、突然のトラブルにも慌てずにすむ。

オキテ 46 小道具は大きく見やすく、そしてバックアップも忘れずに。

# 47 プレゼンの生命線は時間管理

「えー、それであの、あ、本当はもっと話したいことがたくさんあるのですが、もう時間なので簡単にまとめますが、要するにですね……」

初心者にとって、プレゼンでいちばん難しいのが時間管理だ。

聴衆の反応が薄いので導入に力を入れ過ぎ、本題に入る前に時間切れ。

時計を意識したとたん、どこまで話していたか忘れてしまった。

制限時間が気になって、どんどん早口に。

なぜか時間が余ってしまった。いちばん大事な内容を話し忘れていた。

失敗するのは、考えながら話すから。「時間配分を計算しながら話す」というのはプロのアナウンサーのやること。緊張でガチガチになる素人《しろうと》の場合、**本番で頭を使おうとしてはいけない**。

プレゼンは「歌」だと考えよう。

歌を歌うとき、いちいち歌詞を思い出しながら歌っていては途中でつっかえてしまうよね。だから普通は前もってメロディーも歌詞も身体で覚えておくもの。そして三分かかる歌は何回歌っても三分で終わるようにできている。

プレゼンやスピーチも同じこと。最初の挨拶《あいさつ》から最後の締めくくりまで、どんなセリフを話すのか、完璧に決めてしまう。

ストップウォッチを片手にリハーサルをしてみよう。初めてやると大幅に時間をオーバーするはず。そこから無駄な言葉を削ったり表現を差し替えたりして、内容を練っていく。「この話を入れると二〇秒オーバーする」、「こういう表現だと五秒早い」というように。

時間きっかりのシナリオが固まったら、それをくり返し練習して身体に叩き込もう。

歌は他のことを考えながらでも正しく歌えるもの。ド緊張で舞い上がっても、口だけは最後まで喋《しゃべ》り通せるくらいに何度でもくり返すことが大切だ。

時間きっかりで終わるプレゼンは、それだけでカッコイイ。

## オキテ47 プレゼンは、歌のように身体で覚える。

# 48 自分の土俵《どひょう》で勝負しよう

「経済学部を受けるならTPPの話とかじゃないとやばいですか？」

プレゼンのテーマを考えるとき、「○○学部だからコレ」という発想をする人が多いよね。

でもこれだと、みんな同じようなプレゼンになってしまう。「優等生的」ではあるけど、面白くない。差がつかない。

それになにより、大学教授の得意分野にド素人《しろうと》の高校生が正面から入っていっては自分の無知をさらけ出すだけだ。

プレゼンで圧勝する人は、「自分しかいえないこと」を語るもの。

「自分しかいえない」というと難しそうに聞こえるかもしれないけど、簡単にいうと「**自分のくわしい分野を通してものを見る**」ということ。たとえばアニメオタクなら、得意なアニメの話を堂々と語ってかまわない。

た・だ・し、この公式だけは絶対忘れちゃいけない。

## オキテ48 自分の得意分野を相手の興味にぶつけよう。

**【オリジナリティ＝自分の土俵×相手の興味】**

「自分の土俵」とはいっても「僕はこのキャラクターに萌《も》えます！」では、「大学に必要な人材かどうか」を判断することができないよね。教授との接点がなければ聞いてもらえない。

この場合「相手の興味」とは教授の興味、すなわち学部や学科の内容だ。これに対してオタクならオタクなりの視点をぶつけることが肝心《かんじん》だ。

「アニメ×経済学部」であれば「アニメ関連産業で故郷《ふるさと》の町おこしをする方法」でもいいかもしれない。「アニメ×工学部」であれば「二足歩行ロボットの実用性」でもいい。こうすれば単なる趣味とはいわれない。むしろ大学で研究する必要性という大義名分《たいぎめいぶん》ができあがる。

# 49 すべらないプレゼンのための「3Dの法則」

アップル創業者《そうぎょうしゃ》の故スティーブ・ジョブズ氏やニュース解説で人気の池上彰《いけがみあきら》氏など、世のなかにはプレゼンの名人といわれる人がたくさんいるよね。

彼らのプレゼンには「だれが聞いても引き込まれ、理解できて、聞いたあとポジティブな気持ちになれる」という共通点がある。

じつは、世のプレゼン名人たちがみんなやっている、「すべらない話の構成」があるんだよ。名づけて「**3Dの法則**」。

- **Difference**（**差別化**）……他の話や聞き手の予想との違いをはっきりさせる。
- **Detail**（**具体的詳細**）……具体例やデータ、わかりやすい比喩《ひゆ》など。
- **Development**（**発展・展望**）……この話がなんの役に立つのか、今後どうなるのか。

たとえば、テレビのグルメコーナーで人気のスイーツを紹介するとき、

「ワー！　キャー！　超おいしー！」

これだけだと、視聴者《しちょうしゃ》は「バカなタレントが騒いでるだけ」と思ってチャンネルを変えてしまうよね。

でも、ベテランのレポーターは違う。

「チョコレートケーキといったら、男性には甘過ぎたりするじゃないですか。でもこの店はちょっと違うんです」

最初に「他とは違うものを見せるぞ、聞く価値があるぞ」という宣言で視聴者の注意を引く。これが「Difference（差別化）」だ。

「カカオ八〇パーセントのビターなチョコにオレンジピールを加えて、さっぱり感を出してるんですよ」

テレビでは味がわからない分、作り方を具体的に説明することでどんな味かを想像させる。これが「Detail（具体的詳細）」。

「これならお父さんのバースデーケーキにもピッタリ。ワインと一緒にいかがですか？」

このケーキを買ったらどんな楽しみ方が待っているのかを描いてみせることで、購買というアクションにつなげる。「Development（発展・展望）」だ。こうすると、放送翌日からお店に大行列ができるんだよ。

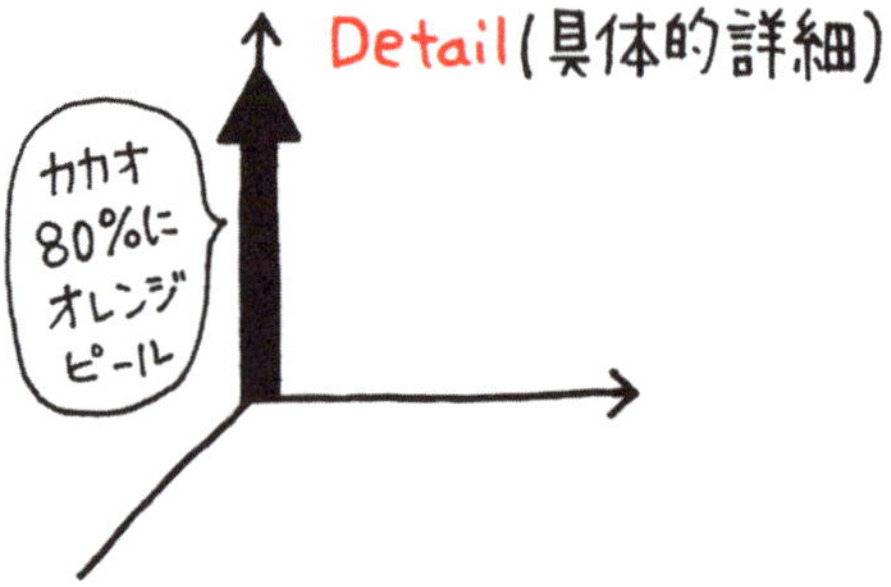
Detail(具体的詳細)
カカオ80%にオレンジピール

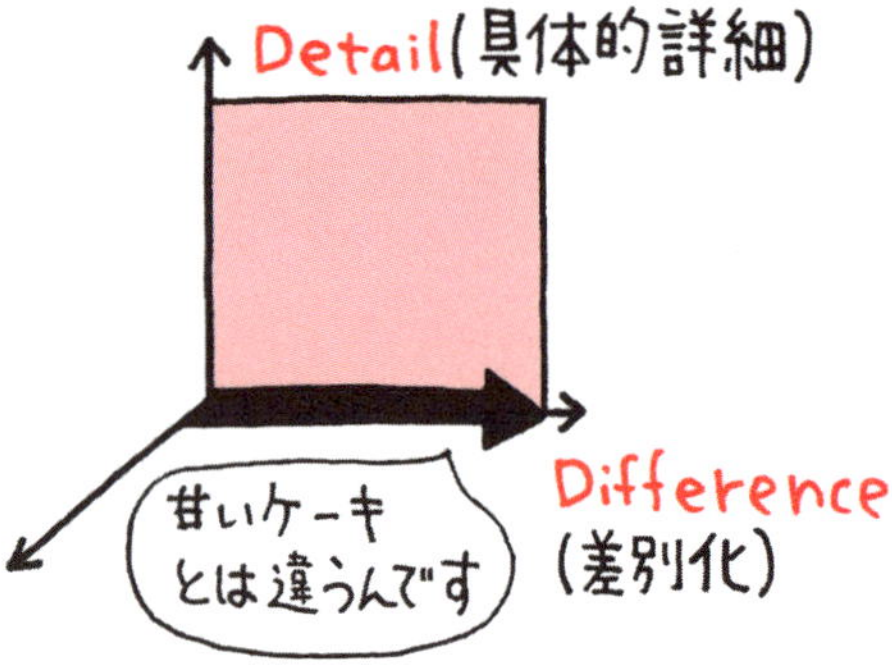
Detail(具体的詳細)
甘いケーキとは違うんです
Difference(差別化)

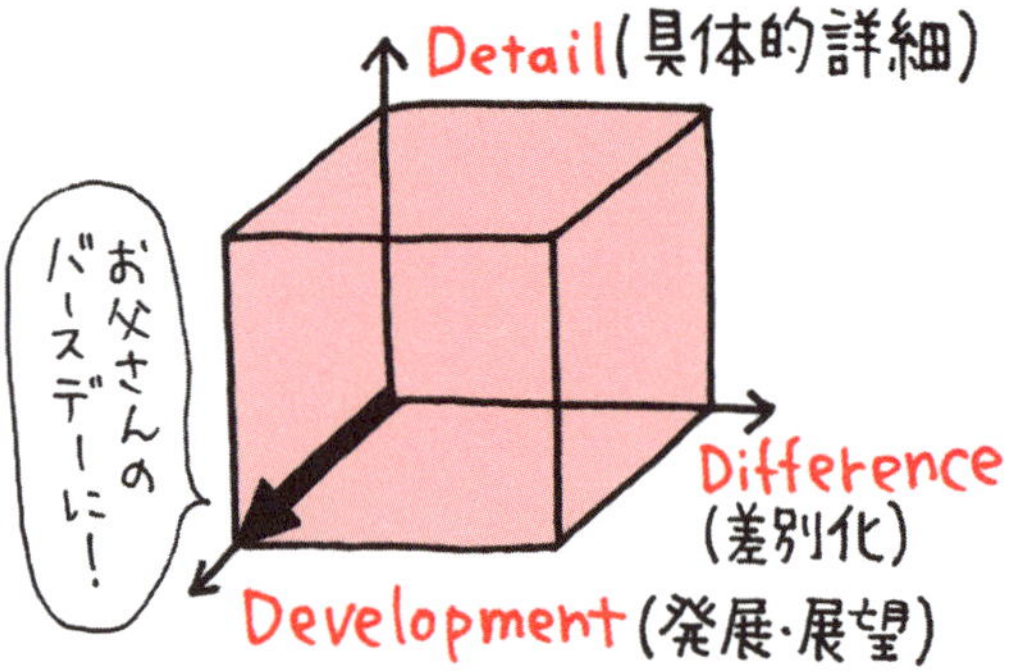
Detail(具体的詳細)
お父さんのバースデーに!
Difference(差別化)
Development(発展・展望)

オキテ49

## 差別化・詳細・展望で話を立体的に。

右のページの図を見てほしい。

プレゼンが下手な人は「Detail（具体的詳細）」ばかり話そうとするもの。でも、これでは話に広がりも深みも出ない。だからもともとその話題に興味のある人にしか聞いてもらえないんだよ。

でも最初に、「これは聞く価値のあることだ」という「Difference（差別化）」を入れれば、話に広がりが生まれる。すると耳を傾けてくれる人が増える。

そして最後に、それが今後どうなるのか、なんの役に立つのかという「Development（発展・展望）」で全体を締めれば、話に奥行きが生まれ立体的になる。万一ここまでの話がいまいちだったとしても、今後に役立つ話で「聞いてよかった」と思ってもらえるかもしれない。

三つのD（Difference, Detail, Development）を盛り込めば、聞き手は少なくともどれか一つにはヒットする。だから「だれが聞いてもすべらない」プレゼンになるんだよ。

# 50 講義レポートはメモ力が勝負

三〇分〜一時間くらい大学教授の講義を聴いて、そのあと出題された設問に答えるという講義レポート試験。慣れない形式なので不安になる人も多いよね。

「大学の講義なんて初めてだし、超初心者で基礎知識もないし、それにレポートって何を書けばいいのか……」

ド素人《しろうと》の高校生なのは全員同じ。教授だって初心者にもわかる講義をしてくれるはずなので心配しなくていい。差がつくのは、**メモの取り方とレポートの書き方**だ。

## 黒板を写してもライバルには勝てない

講義をメモする優先順位は次のとおり。

❶ **教授が口頭で話した内容**
❷ **自分が気づいたことや疑問点**
❸ **黒板の内容**

ポイントは「**黒板の内容**」**が後まわし**ということ。

黒板をきれいに写しただけで満足してしまう人も多いけど、大事なのは先生が黒板に書かず口頭で話した内容だ。これをメモした人としなかった人ではレポートの内容に差が出てくる。だから先生によっては重要なことをわざと黒板に書かず口で話す人もいるほどだ。

わからない用語や腑《ふ》に落ちない部分もメモ。時間がなければ「?」だけでもいい。講義の最後に「何か質問は?」といわれたら手を挙げて質問しよう。質問タイムがなければ、レポートのなかに自分の疑問点を書けば真剣に聴いていたアピールになる。

講義のメモを取る練習をするには、NHK教育テレビや放送大学などの講義形式の番組がいちばん手っ取り早い。テレビを見ながらメモを取って、見終わったら四〇〇字で内容

を再現してみよう。ビデオに録画してもう一度見れば、自分の理解がどの程度だったのか自己採点できる。

そのさい、番組はできるだけ地味で真面目そうなものを選ぼう。堅い話を三〇分間聴き続ける根性を養える。

授業のノートを正確に書けると、大学に入ってから友達がたくさんできる（笑）テストが近づくと「ノートを貸してくれないか？」って人たちが寄ってくるからね。自分から話しかけなくても優位に立てるので、引っ込み思案な人にはピッタリの人脈術だ。（もっとも、そのなかから本当にいい友達を選び出せるかどうかは君の腕次第。頑張れ）

## レポートは小論文と同じ

講義のあとに出される課題は、「この理論を次のケースに当てはめて説明せよ」のように純粋に内容の理解を問う設問のこともあれば、「これについてあなたの意見を述べよ」という場合もある。

後者の意見論述型は小論文の攻め方とまったく同じ。

講義の内容が、たとえばＩＴビジネスの理論についての話であれば、「日本のネット環境の問題点＋解決策」でもいいし、「ユーザーが感じている不便＋新しいサービスのアイデア」でもいいだろう。

「日本のマニフェスト政治はこうあるべきだ」という教授の「提言《ていげん》」であれば、それに賛成したうえで、「それを阻《はば》んでいる原因＋改善策」や「それが当てはまらない例外的なケース＋解決策」を書こう。

講義形式でも、**中身は課題文型の小論文と同じ。**恐れる必要はない。

**オキテ50 講義形式の番組でメモを取る練習をしよう。**

# 51 集団討論は勝ち負けではない

数人のグループで意見を出し合う「集団討論」。考えの異なる他人に向かってものをいうのは勇気がいるものだよね。

一口に集団討論といっても、一つのグループ内で結論をまとめる「ディスカッション」と、二つのグループに分かれて相手チームを論破《ろんぱ》する「ディベート」の二種類がある。いずれにしても評価のポイントは、「発言の正しさ」ではなく「**他人と会話する能力**」だ。

## ■ディスカッションでは自分の「役割」を見つける

「いい議論」とは、メンバー各自が自分の役割を果たしたときに生まれるものだ。

**❶ 最初に意見を出す人**

**❷ それに対し異なる視点をぶつける人**

**❸ みんなの意見を調整する人**

昔から「三人寄れば文殊《もんじゅ》の知恵」というように、健全な議論のためにはこれら三つの

役割が不可欠なんだよ。自分の得意な役割を決めて、最初にそのポジションを取ってしまえばいい。

元気だけが取《と》り柄《え》という人は、なんでもいいから最初に手を挙げて発言しよう。間違っていてもかまわない。「率先して意見を出す人」とまわりからも認識されれば議論の主導権を握ることになる。その代わり、最終的な結論は「みんなの意見を調整する人」にまかせよう。

アドリブは苦手だけどゆっくり考えるのは得意という人は、二番めに手を挙げて「異なる視点をぶつける人」になろう。いわゆる「後出しジャンケン」なので、楽なわりには周囲から「頭の回転の速い人」というイメージで見られる。

自分から発言するのが苦手な人は司会を買って出て「みんなの意見を調整する人」にまわろう。この場合、安易な多数決や中間を取っただけの結論ではなく、「意見が食い違っているポイント」を整理してみせると評価が高い。

ここで減点されるのは自分のポジションを決められなくてフラフラしてしまう人。最初に発言したまま結論まで自分の主張を押し通したり、二番めに手を挙げたのに「私も同じ意見です」なんていってしまうと、議論に水をさすことになってしまう。

## ディベートは「話す」より「聞く」

グループ対抗のディベートで勝つコツは、自分の意見を力強く主張するのではなく、**相**

オキテ 51

## 「主役」にならなくてもいい。自分の役割を演じよう。

**手の意見をよく聞いて「穴」を見つける**こと。「穴」とは相手が見落としている点や相手の話のなかの矛盾《むじゅん》点のことだ。

たとえば「原子力発電に賛成か反対か」のように、ディベートでは立場が真っ二つに分かれるテーマが出される。こういうときは、どちらの側にも一理ある。その代わり、どちらの側にも何か問題が残っているもの。だから必ず相手の主張にも「つつかれたら痛い」部分があるんだよ。

グループ対抗の場合、発表する役の人は相手の発言を聞いている余裕はない。他のメンバーがしっかり敵の話を聞いてメモして、攻め方を考える軍師役を演じよう。

Column

## 受験生のメンタルコントロール②
## 自分と他人を比べない

受験生はとかく自分と他人を比較してしまうもの。通信簿のつけ方が相対評価（クラスで何番）から絶対評価（到達度何パーセント）に変わったとしても、結局大学受験になると順番をつけられて比較されてしまうんだよね。

でもテストの比較ならまだいい。単なる「得意・不得意」で済ませられる。「勉強は苦手だけど、スポーツなら自信ある」と開き直ることもできる。

問題は、うっかり「人間性」まで比較してしまった場合だ。

推薦《すいせん》入試組は志望理由書や活動報告書を書くプロセスで「自分自身」を見つめ直すことになる。その途中で「あいつはリーダータイプなのに自分は影が薄い……」「あの子には将来の夢があるのに、私は何も考えてない……」なんて比較を始めてしまう人がいるんだよね。すると自分の存在そのものに価値がないように思えてくる。

こういう自己嫌悪は、辛いよね。

じつは、自分の存在価値に悩んでいる人というのは「価値のない人」ではなく、「自分の役割を取り違えている人」だ。

社会は多様な人間で成り立っているもの。夢を抱いてギラギラしたリーダータイプばかりの社会というのは、想像しただけでもちょっと気持ち悪い。表に立って目立つ人、裏方をきっちり務める人、常識の殻をぶち破ってみせる人、いろんなキャラクターがいるからそれぞれの存在価値が出てくるものだ。それは優劣とか善悪ではない。

いままで裏方キャラで生きてきたのに「リーダーが評価されるんだ」と思い込んで急にリーダーを目指しても、本来の自分のキャラと違うから無理がある。それに、いままでの裏方としての大事な実績を封印してしまうことになる。もったいない。

他人のキャラを目指すから、自分のほうが劣っていると感じてしまう。

それよりも自分のキャラを正しく掘り起こそう。自分の唯一無二《ゆいいつむに》の価値が見つかれば、他人と比較する必要はない。

大人になれば収入やら社会的地位やら結婚の早い遅いやら、比較のネタには事欠かない。そんなときも、自分のキャラ、自分なりの幸せを見つけ出した人だけが比較地獄から抜け出せるんだよ。

第七章

# 合格後こそ試される

合格おめでとう！　でも浮かれてばかりはいられない。
学科試験を回避した推薦《すいせん》合格組が
このまま大学にいくのは危険だ。
学力格差で一般入試組に笑われないよう、
いまこそ勉強しよう。
人の真価は成功したあとにこそわかるもの。

# 52 浮かれてクラスできらわれないために

推薦《すいせん》・AOの合格発表がおこなわれる一一月、一二月になると、どこの学校でもクラスのなかの空気が微妙になるものだ。

推薦で合格が決まった人と落ちた人、一般入試の勉強真っ最中の人。入試制度が多様化してしまったために、同じクラスでも受験のスケジュールがみんな違うという事態になっているんだよね。

こんなとき、「やったー、合格！　もう受験終わっちゃったもんね～」などとはしゃいではいけない。「合格祝い何万円もらった」なんて話は論外。

友達を失うぞ。

みんな顔や言葉には出さないかもしれないけれど、先に合格して受験終了した友達のことはやっぱり羨ましいものなんだよ。あるいは「なんだよ、あいつだけ」と恨みがましく思う人だっている。同じ大学を落ちちゃった人ならなおさらだ。

自分では無邪気に喜んでいるだけのつもりでも、他人から見ると「わざと見せつけている、嫌味をいっている」と受け取られてしまう。

特に一般入試組から見ると、学科試験免除で合格する推薦組はある意味「ずるい」ものだ。「楽して早く終わりやがって」と思われる。

全員の受験が終わったら全部笑い話になることだけど、現在進行中の受験生には笑って受け入れるほどの精神的余裕はないよね。

推薦で合格した人は、**謙虚《けんきょ》に振る舞おう**。

受験が終わったからといって授業中遊んでいるのではなく、一般入試組と同じように勉強しよう。実際ここで勉強をやめたら、大学に入ってから一般入試組との学力差で恥ずかしい思いをすることになる。

いちばんいいのは**クラスの雑用を自分から引き受ける**ことだね。「掃除やっとくから、先に帰っていいよ」なんていえたら、一分でも多く勉強したい一般入試組には絶対感謝される。

## オキテ 52 受験勉強中の仲間をサポートしよう。

# 53 油断できない入学前課題

最近いろんな大学で増えているのが、推薦《すいせん》・ＡＯの合格者を対象にした「入学前課題」。秋に合格が決まってから半年近くほとんど勉強せず、脳みそが退化しきった状態で入学してくる学生を防ぐのが目的だ。大学によっては予備校とコラボしておこなっているところもある。

もちろん、入学前課題の成績が悪いからといって合格取り消しにはならないけれど、推薦合格者があまりにもふざけたことをすると、出身校の指定校の枠が取り消されたりする可能性もある。後輩たちのためにもちゃんとしたレポートを書こう。

形式や内容は大学による。高校の勉強の補習として英語や数学の問題が大量に出される大学もあるけれど、いちばん多いのは「課題図書を読み、あなたの意見を述べなさい」というレポート形式。

「あなたの意見を述べなさい」という設問形式は受験のときの小論文と同じ。違うのは課題文が書籍丸ごと一冊であることと、書く分量が二千〜一万字であることだ。

段落構成や答案の切り口などの基本は、本書第四章「小論文には正解がある」を参考

オキテ53

## レポート＝課題図書＋自分で調べたこと＋自分の意見

にしてほしい。第四章はこの入学前課題にも対応できるように書いてある。

いちばんの問題は分量だ。

受験小論文が四〇〇～八〇〇字なのは、制限時間（一～二時間）のなかで手持ちの知識で書くから。それに対し入学前課題の分量が多いのは、一か月ほどかけて調べて書くのが前提だからだ。

課題図書の内容だけをいじくりまわしても発展しない。ネットで調べたり他の本を読んだりして、課題図書のほかに問題点やヒントを見つけよう。ここまでやった答案は高得点を得られる。

これが、大学生のレポートというやつだ。

間違っても、二千字のうち一九〇〇字をあらすじの丸写しで埋めて、残り一〇〇字で「感動しました」なんて片づけてはいけないよ。

## 54 課題図書を選ぶ前に

### ■ 課題図書の選び方

入学前レポートの課題図書は何冊か指定されたなかから自分で選ぶことが多い。ところが読書をしたことのない高校生だと、「どれを選べばいいのか？」で途方《とほう》に暮《く》れるんだよね。

**本を選ぶ基準は「内容」と「難易度」**。

指定図書にはその学科の専門分野に関係するものとしないものがある。そして本の難易度も、初心者向けからある程度知識のある人向けまでさまざま。これは、同じ学科の合格者でも高校で履修《りしゅう》してきた選択科目がバラバラであるためだ。

書店に行って実物を立ち読みしてみるのもいいけれど、もっとわかりやすいのは書籍の通販サイト「アマゾン（Amazon.co.jp）」にアクセスしてみること。指定された図書を片っ端から検索してみよう。本の内容が簡単に紹介されている。表紙をクリックすると、目次など数ページを見ることもできる。

アマゾンには「難易度」の表示はないけれど、その代わり読者のレビュー（感想）が

いい目安になる。「わかりやすい」「読みやすい」などのコメントが多ければ、おそらく初心者に広く読まれている本だ。逆にレビュー自体が難解《なんかい》で堅い文章だったら、おそらくおもな読者は専門知識を持った知識人。高校生が読むのは大変かもしれない。

## 課題図書の読み方

本が決まったら、次は読み方。

ふだんライトノベルしか読まないような高校生が、いきなり社会問題を扱った本を一冊（二〇〇ページ）読むのは大変だよね。初心者には初心者の読み方というものがある。

いきなり一ページめから読み始めてはいけないよ。特にあまりくわしくないジャンルだと、何について語っているのかすらわからな

くなってしまうものだ。

本を読むときは、**先に「目次」「まえがき」「あとがき」を読もう。**

「先に『あとがき』を読むって、ズルくない？」と思うかもしれないけれど、まえがきとあとがきを読めば本の全体像はだいたいわかる。そのうえで目次を見ながら興味のわいた見出しのページをつまみ食いしてもかまわない。

ただし、ここで終わってはいけないよ。

何か所か興味を持って読んでから、改めて最初から一通り読む。ここが大事。そうするとすでに読んだ点と点が線でつながることになる。一ページめから闇雲《やみくも》に読み始めた場合とは理解の深さがまるで違ってくるんだよ。

オキテ 54

# レポートは課題図書の選び方、読み方で八割決まる。

## 切り口の見つけ方

課題図書に選ばれる本は大きく三種類に分けられる。その内容によってレポートの切り口が違ってくるので、まずは自分が選んだ本がどれに当てはまるかを考えよう。

❶ **理論を説明する本**……たとえば「会計の知識」のような本。この場合は本の内容を踏まえて社会のなかにある問題点を自分で探してみよう。

❷ **問題提起《ていき》している本**……たとえば「水俣《みなまた》病の現実」のような本。この場合は本で提起された問題点に対する解決策を自分で考えよう。

❸ **著者が提案をしている本**……たとえば「海外ボランティアの勧め」のような本。この場合は著者の提案が当てはまらないケース、うまくいかないケースを探して代案（自分なりの提案）を示そう。

# 55 合格後こそ、勉強しよう

推薦《すいせん》・AO組が大学に入学すると、一般入試組との学力格差に直面するのは避けられない。彼らが普通に解ける問題が解けなかったり、基本的なことを自分だけ知らなかったりすると「これだから推薦組は（笑）」なんてバカにされてしまう。

せっかく大学に入ってから惨《みじ》めな思いをしないためにも、合格後こそ勉強しよう。

ただし、受験生の勉強とはちょっと違う。

まず、理科・社会の選択科目と学部の内容のズレを埋めよう。

たとえば経済学部なのに日本史しか習っていないという人。政治経済の基礎知識くらいは勉強しておこう。最近はビジネスマン向けに受験参考書よりも易しい本がたくさん出ている。

国際政治学部なのに世界史をやっていない人も苦労する。「マンガで覚える世界史」みたいなのでいいから、古代から近代まで一通り読んでみよう。

受験勉強は「限られた科目を深く」だけど、合格後の勉強は「広く、浅く」。

英語をやるなら「センター試験問題集」ではなく、英検やTOEIC、TOEFLなどを目指そう。留学や就職でもそのまま役に立つ。

でも、予備校講師という立場からいちばんお勧めするのは、**高校入試の問題を解いてみる**ことだね。中学生向けの問題も、やってみると意外とできないから（笑）

じつは、高校一年生のカリキュラムは高校入試で満点取れていることを前提として作られているんだよ。英語や数学でいきなりギャップを感じてしまったのはそのためだ。

大学を落ちた浪人生も、勉強ができない原因を探ってみると中学校の内容に「抜け」があるというケースが多い。そういう生徒には一か月かけて高校入試レベルが完璧になるまでトレーニングさせると、そのあと爆発的に伸びる。

高校入試の復習をしっかりやると、大学に入ってから家庭教師のアルバイトもできる。頭もよくなってお金ももらえるので一石二鳥《いっせきにちょう》だ。

## オキテ55 広く、浅く、高校入試レベルから。

## あとがき

本書を最後まで読んでくれて、ありがとう。

最後まで読んでくれた君だけに、本書を書いた本当の目的を教えよう。

この本のゴールは「大学合格」ではない。「そのあと」を視野に入れている。

大学入学後の自分、その二つの未来を想像してほしい。

**未来A**　合コンでまったくモテず、きらいな教授のゼミに配属され、研究発表はボロクソに批評され、就職活動で何十社に応募しても内定が取れず、しかたなくフリーターになろうとしてもバイトの面接で落とされる……。

**未来B**　合コンでは人気者になり、珍しいアルバイトで貴重な経験を積み、希望のゼミでの研究発表がメディアでも注目され、その実績をひっさげて第一希望の会社に入り、イケてる新人として大活躍する……。

この二つの未来を分けるのは学力でもなければ性格でもない。「自己アピール力」、すなわち語る前からオーラを発し、自分の価値を一言で伝える力だ。

一度この技術を身につけた人は、次のイベントでも勝てる。その次にはもっと大きなイベントでも勝てる。そして学生にとって最大イベントである就職活動につながっていく（卒業後の最大イベントは、人によっては「婚活」かもしれないけど）。

就職活動の競争率は大学入試なんかの比ではない。企業によっては「何百倍」にもなる。そのなかで選ばれるための「自己アピール力」は昨日今日の付け焼《つけや》き刃《ば》で身につくものではない。

つまり、推薦入試とは「一生使う自己アピール力」を若いうちに身につける絶好の機会でもあるんだよ。

だから受験生の君にも「適当にごまかして、合格すればもうけもん」なんて甘い考えで流してほしくない。運がよければそれで合格できるかもしれないけれど、いずれどこかで「自己アピール力」を身につける必要に迫られるんだから。

「自己アピール力」とは「人に選ばれる力」でもあるし、「人を味方につける力」でもある。僕自身、社会人になって二〇年のあいだに人から選ばれず悔し涙を流したことも、思わぬ人に認められ抜擢《ばってき》されたこともある。だから「自己アピール力」が人生を左右することを痛感している。

この本を読んでくれた君も、これからたくさんの人に出会い、いろいろな経験をするだろう。そのなかで自分が理解されていないと感じたり、周囲に流されて違和感を感じたりしたときには是非この本を思い出してほしい。五五個のオキテのどこかにヒントがあるはずだ。

推薦《すいせん》入試を通して鍛えた「自己アピール力」が、君にとって「一生の夢を叶える力」になることを心から祈る。

鈴木　鋭智

## 謝辞

本書の企画を提案してくださった株式会社中経出版の荒上和人さん、細部にわたる丁寧な編集作業をしてくださった株式会社オルタナプロの八川奈未さん、勢いにまかせて悪ノリしがちな原稿に冷静なチェックを入れてくださった相澤尋さん、ポップで読みやすい紙面を作ってくださった有限会社ムーブの新田由起子さん、著者の無理難題を見事にイラスト化してくださった株式会社ぽるかの村山宇希さん、前作に続き参考書コーナーで不思議にめだつ表紙をデザインしてくださったおかっぱ製作所の高橋明香さん、いつもＡＯ・推薦対策のサポートをしてくださる代々木ゼミナール個別指導スクール大宮校のスタッフの皆さん、そして幾度もの書き直しにもくじけず、ドＳの面接練習にも耐え、数々のネタを提供してくれた生徒諸君。皆さんのおかげでこの本を世に送り出すことができました。本当にありがとうございます。

〔著者紹介〕

鈴木　鋭智（すずき　えいち）

1969年青森県生まれ。東北大学大学院文学研究科修士課程修了（認知心理学専攻）。代々木ゼミナール講師時代、小論文を「文章表現ではなく問題解決能力の試験」と再定義することによって合格率を倍増。特にAO入試・推薦入試対策の個別指導では早慶、医学部を含む第一志望合格率が9割を超える。

その確実なノウハウは受験生のみならず就活生やビジネスパーソンにも支持され、テレビ・雑誌などのメディアでも活躍中。また著書は台湾・中国でも翻訳出版される。

現在は企業研修やビジネスセミナーにおいて「ロジカルシンキング・ライティング」を指導するほか、CSS公務員セミナー顧問講師として論文試験対策を担当する。

著書に、『何を書けばいいかわからない人のための　小論文のオキテ55』、『何となく解いて微妙な点数で終わってしまう人のための　現代文のオキテ55』、『仕事に必要なのは、「話し方」より「答え方」』（以上、KADOKAWA）、『公務員試験　無敵の論文メソッド』（実務教育出版）、『ミニマル思考　世界一単純な問題解決のルール』（かんき出版）がある。

何を準備すればいいかわからない人のための
AO入試・推薦入試のオキテ55

（検印省略）

2012年8月11日　第1刷発行
2019年10月10日　第18刷発行

著　者　鈴木　鋭智（すずき　えいち）
発行者　川金　正法

発　行　株式会社KADOKAWA
〒102-8177　東京都千代田区富士見2-13-3
03-3238-8521（カスタマーサポート）
https://www.kadokawa.co.jp/

落丁・乱丁本はご面倒でも、下記KADOKAWA読者係にお送りください。
送料は小社負担でお取り替えいたします。
古書店で購入したものについては、お取り替えできません。
電話049-259-1100（10：00～17：00／土日、祝日、年末年始を除く）
〒354-0041　埼玉県入間郡三芳町藤久保550-1

DTP／日新印刷　印刷／加藤文明社　製本／本間製本


ISBN978-4-04-602624-8　C7030